Neue
Kleine Bibliothek 325

Conrad Schuhler

Deutschland im Wirtschaftskrieg

Eskalation um jeden Preis

PapyRossa Verlag

© 2023 by PapyRossa Verlags GmbH & Co. KG, Köln
Luxemburger Str. 202, 50937 Köln
Tel.: +49 (0) 221 – 44 85 45
Fax: +49 (0) 221 – 44 43 05
E-Mail: mail@papyrossa.de
Internet: www.papyrossa.de

Alle Rechte vorbehalten

Umschlag: Verlag, unter Verwendung einer
 Abbildung von F. J. Carneros | Adobe Stock [528350986]
Druck: Interpress

Die Deutsche Nationalbibliothek verzeichnet diese Publikation in
der Deutschen Nationalbibliografie; detaillierte bibliografische
Daten sind im Internet über http://dnb.d-nb.de abrufbar

ISBN 978-3-89438-802-7

Inhalt

Vorwort — 7

Kapitel 1 — 10
Im Ukraine-Krieg ist Deutschland
längst aktiver Konfliktteilnehmer = Kriegspartei

Kapitel 2 — 20
Der Wirtschaftskrieg
Deutschlands und der EU gegen Russland

Kapitel 3 — 27
Krieg und Wirtschaftskrieg aus Sicht des Kreml

Kapitel 4 — 37
Die Folgen von Hochrüstung
und Wirtschaftskrieg für Deutschland

Kapitel 5 — 54
Drei »Entlastungspakete« und ein »Doppelwumms«:
Wer mehr verdient, hat mehr davon

Kapitel 6 — 66
Wirtschaftskrieg – jetzt auch noch mit China?

Kapitel 7 — 78
Deutschlands Geschäftsmodell zerbricht –
die »Wohlstandsverluste« sind erheblich

Kapitel 8 95
»Demokratien gegen Autokratien« –
die neue Formel des westlichen Hegemonieanspruchs

Kapitel 9 107
Die wahre Zweiteilung:
Reiche Welt gegen Arme Welt

Kapitel 10 118
Der Waffenkrieg könnte länger dauern –
und danach wird der Wirtschaftskrieg weitergehen

Kapitel 11 129
Wo sind Kräfte für den Frieden?
Wer stoppt das Rutschen in den Dritten Weltkrieg?

Literatur und Quellen 151

Vorwort

Der Waffenkrieg in der Ukraine und der Wirtschaftskrieg gegen Russland treffen die große Mehrzahl der Menschen in Deutschland hart. Die Inflation gerade bei täglichen Lebensmitteln und Energieverbräuchen liegt um ein Vielfaches über dem Zuwachs an Löhnen und Sozialleistungen. Der Lebensstandard der arbeitenden Menschen, der Rentner, der Sozialleistungsempfänger und ihrer aller Kinder ist spürbar gesunken. Die Ursache der rasanten Inflation liegt in der politisch herbeigeführten Verknappung von Rohstoffen und anderen Handelsgütern. Die jämmerlichen Sozial-, Gesundheits-, Bildungs- und materiellen Infrastrukturen in Deutschland sind die Kehrseite einer ruchlosen Militarisierung und Hochrüstung, die mit der »Zeitenwende« historische Weihen erhalten soll. Das soll mahnen: Lasst uns Opfer bringen für »unsere Werte«, für die heute die Ukrainerinnen und Ukrainer bereit sind, zu kämpfen und zu sterben.

Unsere Werte? Im Korruptionsindex von Transparency International wird die Ukraine für das Jahr 2021 auf Platz Nr. 122 eingestuft. Nur ein europäisches Land schneidet noch schlechter ab: Russland. Im Ukraine-Krieg sind zwei Staaten ineinander verflochten, die beide gleichermaßen weit von Demokratie entfernt sind. Doch ist der Krieg längst nicht mehr einer zwischen nur zwei Staaten. Die völkerrechtswidrig überfallene Ukraine ist zum Vorposten der NATO geworden, um Russland zu »ruinieren«, wie sich Außenministerin Baerbock ausdrückte. Wenn Russland am Boden ist, richten sich alle Rohre auf China, den Großen unter den »Autoritären«. So steht es recht unmissverständlich in der National Security Strategy der USA. Der Wirtschaftskrieg soll weitergehen, dieses Mal mit dem Gegner Volksrepublik China. Die Opfer, die dann der Bevölkerung abverlangt werden, sind um einiges höher als beim Vorgänger Russland. Das deutsche Exportmodell wäre endgültig geborsten, mit verheerenden Folgen in der Automobilproduktion, dem Maschinenbau und der Chemischen Industrie.

Aber kann man denn über eigene materielle Verluste klagen, wenn anderswo gestorben wird? Man kann und man soll, wenn die Ursache dieser Verluste dieselbe ist wie die der Kriegszerstörungen, dieselbe auch wie die eines möglichen atomaren Großen Krieges. Es ist die Strategie von Staaten, die die Welt in zwei Blöcke teilen, die sich angeblich antagonistisch gegenüberstehen, weshalb im Zentrum ihrer Politik stehen müsse, die Gegenseite zu liquidieren. In einer Welt voller Atomwaffen, voller Umweltprobleme, die ohne ein gemeinschaftliches Handeln menschliches Leben auf dem Planeten gefährden, ist ein solches Vorgehen zutiefst antihumanistisch, menschheitsgefährdend. Die Friedensbewegung, die Umweltbewegung, soziale Bewegungen wie die Gewerkschaften müssen sehen, dass sie auf derselben Seite der Barrikade stehen. Denn es wird zum Kampf kommen müssen. Das globale Kapital hat mit seinem Slogan »Demokratien gegen Autokratien« in die Arena des unerbittlichen, unversöhnlichen Konflikts gerufen. Diesem Kriegsgeschrei wollen wir nicht folgen. Das wäre der buchstäbliche Endkampf für alle. Der erste Schritt hin zu einer solidarischen, demokratischen Welt ist die friedliche Koexistenz der verschiedenen Gesellschaften – der verschiedenen sozio-ökonomischen Entwicklungsstufen, der verschiedenen politischen Systeme. Wettbewerb mag stattfinden – er muss aber friedlich sein. Solidarisches Verhalten im Inneren von und zwischen Gesellschaften wäre das Richtige, das Nötige.

Der vorliegende Text will vor allem drei Fragen untersuchen: Der Wirtschaftskrieg zerstört das deutsche Wirtschaftsmodell als führende Exportnation – wie hoch sind die Kosten? Was teilt die Welt wirklich in zwei Hälften – nicht ›Autokratien versus Demokratien‹, sondern die reiche Welt gegen die armen Länder, die fortgeschrittenen (advanced societies) gegen Schwellen- und Entwicklungsländer. Und drittens: Der Ukraine-Krieg wird länger dauern – und nach ihm wird der Wirtschaftskrieg weitergehen. Was kostet uns der Wirtschaftskrieg gegen China?

Kapitel 1

Im Ukraine-Krieg ist Deutschland längst aktiver Konfliktteilnehmer = Kriegspartei

Am 27.2.2022, einem Sonntag, wird der Bundestag in Berlin zu einer Sondersitzung einberufen. Kanzler Scholz teilt in einer Regierungserklärung den Abgeordneten mit, der drei Tage zuvor erfolgte russische Überfall auf die Ukraine markiere »eine Zeitenwende in der Geschichte unseres Kontinents ... Putin ... zertrümmert die europäische Sicherheitsordnung, wie sie seit der Schlussakte von Helsinki fast ein halbes Jahrhundert Bestand hatte. Er stellt sich auch ins Abseits der gesamten internationalen Staatengemeinschaft«. Scholz nannte »fünf Handlungsaufträge«, die »nun vor uns« lägen. Die drei primären »Handlungsaufträge« der Regierung seien: 1) Deutschland muss »der Ukraine Waffen zur Verteidigung des Landes liefern«. 2) Deutschland wird »gemeinsam mit den EU-Staats- und Regierungschefs ... ein Sanktionspaket von bisher unbekanntem Ausmaß« gegen Russland exekutieren. 3) Zur Modernisierung und Hochrüstung der Bundeswehr wird der Bundeshaushalt ein »Sondervermögen ... mit 100 Milliarden Euro ausstatten«. Der Rüstungshaushalt wird dauerhaft auf über 2 Prozent des Bruttoinlandsprodukts gesteigert (CS: was für 2023 rund 35 Milliarden Euro mehr wären als bisher). Die »nächste Generation von Kampfflugzeugen und Panzern gemeinsam mit unseren europäischen Partnern und insbesondere Frankreich hier in Europa zu bauen«, hat »oberste Priorität für uns«. Viertens beschwört Scholz die Einheit und Geschlossenheit der EU und des ganzen Westens und fünftens schließt er einen Dialog mit Russland aus, denn »an der Bereitschaft dazu mangelt es aufseiten Putins ganz offensichtlich«. (Regierungserklärung Scholz, 27.2.2022)

Kümmern wir uns als erstes um die Frage der Waffenlieferungen, der militärischen Kooperation Deutschlands mit der Ukraine. Sie wird zu dem Ergebnis führen, dass Deutschland längst aktive Kriegspartei ist und infolgedessen durchaus militärische Gegenschläge auf dem eigenen Territorium einzukalkulieren hat. Im Folgenden ein Auszug aus der regierungsoffiziellen Liste der bereits – vor der Diskussion um Marder- und Leopard-Panzer – gelieferten und zugesagten Waffen, deren Gesamtwert von der Regierung mit 1,5 Milliarden Euro angegeben wird, wobei sie aber nur die Werte der nach Außenwirtschaftsrecht genehmigungspflichtigen Artikel berechnet hat.

Geleistete militärische Unterstützungsleistungen Deutschlands (Auswahl)
- 17 schwere und mittlere Brückensysteme
- 5 Mehrfachraketenwerfer MARS II mit Munition
- 14 Panzerhaubitzen 2000
- Luftverteidigungssystem Irid-T SLM
- 10 Bergepanzer
- 30 Flakpanzer GEPARD mit rund 6.000 Schuss Panzermunition
- 6 MG3 für Bergepanzer
- 30.000 Schuss Munition 40mm Granatwerfer
- 13.500 Schuss 155 mm Artilleriemunition
- 4.000 Schuss Flakpanzermunition
- 54 M113 gepanzerte Truppentransporter mit Bewaffnung
- 22 Millionen Schuss Handwaffenmunition
- 100 Maschinengewehre MG3 mit 500 Ersatzrohren und Verschlüssen
- 100.000 Handgranaten
- 5.300 Sprengladungen
- 100.000 Meter Sprengschnur und 100.000 Sprengkapseln
- 350.000 Zünder
- 10 Antidrohnenkanonen

- 14 Drohnenabwehrsensoren und -jammer
- 28.000 Gefechtshelme
- 280 Kfz (Lkw, Kleinbusse, Geländewagen)
- 3.000 Feldfernsprecher
- 1 Feldlazarett
- 4 elektronische Drohnenabwehrgeräte
- 38 Laserentfernungsmesser
- Kraftstoff Benzin und Diesel (laufend)
- MiG-29 Ersatzteile
- 30 sondergeschützte Fahrzeuge, 80 Pickups
- 7.944 Panzerabwehrwaffen RGW 90 Matador
- 8 Bodenradarträger, 2 Drohnenträger
- 7 Störsender
- 8 elektronische Drohnenabwehrgeräte

Militärische Unterstützungsleistungen in Vorbereitung/Durchführung (Auswahl)
- 478 Grenzschutzfahrzeuge
- 6.100 Schuss Artilleriemunition 155 mm
- 186.000 Schuss Munition 40mm Granatwerfer
- 5 Pionierpanzer Dachs
- 16 Panzerhaubitzen Zuzana 2
- 3 Luftverteidigungssysteme IRIS-T SLM
- Munition für Mehrfachraketenwerfer MARS II
- 50 Allschutz-Transport-Fahrzeuge Dingo
- Ersatzteile schweres Maschinengewehr M2
- 20 Raketenwerfer 70mm auf Pickup-Trucks mit 2.000 Raketen
- 5 Bergepanzer
- 24 MG3 für Bergepanzer
- 43 Aufklärungsdrohnen
- 5.032 Panzerabwehrhandwaffen
- 200 LKW Nutzfahrzeuge
- 24 Drohnenabwehrsysteme
- 16 Brückenlegepanzer BIBER

Stand beider Listen: 1.11.2022; die Waffenlieferungen nehmen Woche für Woche zu; die Liste wird fortlaufend auf der Website der Bundesregierung veröffentlicht

1. ... LÄNGST AKTIVER KONFLIKTTEILNEHMER = KRIEGSPARTEI

Diese deutschen Waffenlieferungen sind erheblich, sie sind ein Stützpfeiler der ukrainischen Armee, die vor dem Winter 2022/23 zum Gegenangriff gegen die russischen Invasoren vorgehen konnte. Ohne die Haubitzen, ohne die Raketen, ohne die Granatwerfer, ohne die Panzer, ohne die Munition, ohne die Drohnen und Drohnenabwehr, ohne die Luftabwehr aus Deutschland wäre die ukrainische Armee dazu nicht imstande. Dass sie auch im Winter durchschlagskräftig bleibt, dazu hilft auch die deutsche Unterstützung: 116.000 Kälteschutzjacken, 80.000 Kälteschutzhosen, 240.000 Wintermützen. Ein kälteklammer Soldat kann nicht kämpfen, auch wenn er noch so patriotisch ist. 100.000 Erste-Hilfe-Kits und 405.000 Rationen Einpersonenpackungen (EPa) helfen in großem Stil bei der medizinischen Betreuung der Kämpfer. Dass Deutschland sich bis Januar 2023 nicht entschloss, offensive Leopard-Panzer zu liefern, hängt damit zusammen, dass die westlichen Aufrüster fürchteten, die Ukrainer würden sie zu Vorstößen auf russisches Gebiet einsetzen. Dann wären atomare Schläge der Russen womöglich nicht mehr zu vermeiden. Dieses Risiko scheint Washington eher eingehen zu wollen als die europäischen NATO-Staatsmänner und -frauen, über deren Köpfe die Atomwolken hinziehen würden – mit Ausnahme der deutschen Grünen sowie der rechtsnationalen PiS-Regierung in Polen und deren baltischen Nachbarn.

Vielleicht aber doch nicht nur die Grünen, womöglich die ganze Ampel und die Christen-Union und die EU-Oberen insgesamt. Bisher hatten Großbritannien, Frankreich, Polen und Deutschland Militärtraining für Ukrainer auf nationaler Ebene durchgeführt. Mitte Oktober 2022 beschloss die EU dann eine gemeinsame Ausbildungsmission für ukrainische Soldaten. 15.000 Ukrainer sollen eine »Gefechtsstandausbildung und/oder Gefechtsstandübungen durch Computersimulationen für eine Brigade, den Brigadestab und die Bataillonsstäbe« und die »Gefechtsausbildung bis Kompanieebene« erhalten (Telepolis, 19.10.2022). Damit überschreitet die EU die rote Linie hin zu einer offenen Unterstützung einer Kriegspartei, wird damit selber zu einer solchen. (Deutscher Bundestag, Wissenschaftliche Dienste – BT-WD, 16.3.2022; wir werden weiter unten genauer auf diese Expertise eingehen) Mit allen Konsequenzen eventueller russischer Gegenmaßnahmen auf NATO-Territorium. Deutschland ist in besonderem Maß gefährdet, denn die Bundeswehr übernimmt bei dieser »EU-Ausbildungsmission eine koordinierende Rolle« und damit die Führung. Das Bundesministerium der Verteidigung hat folgende Beiträge angeboten:

- Unterstützung der Mission bei militärstrategischen Fragen
- Gestaltung eines multinationalen Führungselementes für die Mission
- Gefechtsausbildung und/oder Gefechtsstandübungen bis Kompanieebene
- Ausbildung an Waffen in enger Kooperation mit der Industrie
- Einsatz, Ausbildung in der Wartung
- Sanitätsausbildung
- Ausbildung der Ausbilder

(www.bmvg.de/de/aktuelles/bundeswehr-beteiligt-sich-an-ukraine-ausbildungsmission-der-eu-5512372; die Datei ist im Onlineangebot des Bundesministeriums für Verteidigung nicht mehr enthalten.)

Die EU-Mission (EUMAM) trainiert Ukrainer für Offensiven gegen die russisch besetzten Gebiete. Doch haben weder EU noch NATO ihr Eingreifen an die Vereinten Nationen gemeldet, was sie nach der UN-Charta tun müssten, wären sie selbst beteiligte Konfliktpartei (cobelligerent). Die NATO gibt ihr Eingreifen als unterhalb der Schwelle der »kollektiven Selbstverteidigung« aus, was auch im Widerspruch steht zu den Furor-Tiraden der deutschen Außenministerin, die »Putins Krieg« für einen Angriff auf die westlichen Werte, auf die »regelbasierte Ordnung« schlechthin, auf uns alle hält. Baerbock sieht uns alle von Putins Russland bedroht, sieht sich also prinzipiell im Krieg mit diesem Russland, als Kriegspartei, die zurückschlagen muss. Den Europarat mahnte sie entsprechend zur Geschlossenheit gegen den gemeinsamen Feind: »Wir kämpfen einen Krieg gegen Russland und nicht gegeneinander.« (Der Spiegel, 18.2.2023)

1. ... LÄNGST AKTIVER KONFLIKTTEILNEHMER = KRIEGSPARTEI

»Atomkraft, nein danke – Atomwaffen, ja bitte«
Weder das Risiko, dass Deutschland und die ganze EU damit zur Region von möglichen Atom-Gegenschlägen Putin-Russlands werden noch dass solche in der Ukraine stattfinden könnten, haben die Ampelkoalition wie die Leitmedien des Landes je thematisiert. Die Grünen, deren Gründungsmythos sich aus der Angst vor der Atomkraft speist, »haben weit weniger Angst ... wenn es um Atomwaffen geht«, schreibt am 2.11.2022 Wolfgang Streeck, der frühere Direktor am Max-Planck-Institut für Gesellschaftsforschung. »Betäubt von der rasant steigenden Zahl grüner Mitläufer in den Medien und hypnotisiert von Bidens Fantasien, Putin nach Den Haag vor den Internationalen Gerichtshof zu bringen, weigert sich die veröffentlichte Öffentlichkeit, darüber nachzudenken, welchen Schaden eine nukleare Eskalation in der Ukraine anrichten und was sie für die Zukunft Europas und damit auch Deutschlands bedeuten würde.« (Streeck 2022)

Tatsächlich bereiten sich die USA und die NATO auf eine »längere Phase eher ›taktischer‹ als ›strategischer‹ Atomkriegsführung in Europa und auf den ukrainischen Schlachtfeldern« vor. (ebd.) In der EU steht eine ›taktische‹ Atombombe B61 bereit, die von Flugzeugen auf militärische Formationen abgeworfen wird. Jährlich führt die NATO eine Atomwaffenübung namens »Steadfast Noon« durch, an der 2022 14 Nationen teilgenommen haben. In deren Mittelpunkt standen die fünf Länder mit »nuklearer Teilhabe«: Deutschland, Italien, Niederlande, Belgien und die Türkei. Für ihre nukleare Teilhabe – teilzuhaben an den Atomwaffen der USA – unterhalten die Deutschen eine Flotte von Tornado-Bombern, die jetzt für 8 Milliarden Euro ersetzt werden durch 35 F35-Tarnkappenbomber aus den USA. Der nukleare Teilhaber Deutschland rüstet sich für einen Atomkrieg. »Auf der Luftwaffenbasis Büchel in Rheinland-Pfalz lagern etwa 20 Atombomben vom Typ B61, jede mit der mehrfachen Sprengkraft der Hiroshima-Bombe.« (ebd.)

Das von Ronald Reagan und Michail Gorbatschow 1987 geschlossene INF-Abkommen verbot die Stationierung landgestützter

Mittelstreckenwaffen in Europa. Die USA haben den Vertrag 2018 aufgekündigt und führen mit ihren Partnern seit 2019 jährlich ihre Atomwaffenübung durch. »Im Ernstfall« können deutsche Kampfjets – und die anderen nuklearen Teilhaber – taktische Atomwaffen transportieren und im Feindesgebiet abwerfen. (Bundeswehr-Journal 2019)

Die US-Regierung sieht diesen Atomkrieg unmittelbar bevorstehen. US-Präsident Biden sagte im Oktober 2022, Putin scherze nicht, wenn er über den potenziellen Einsatz taktischer Atomwaffen spreche, da seine Streitkräfte in der Ukraine an Boden verlören. (sueddeutsche.de, 17.10.2022) Wohlgemerkt, ein Atomkrieg, »taktisch« auf Europa begrenzt, was US-Amerikanern leichter fallen würde als den prospektiven europäischen Atomopfern.

Der Eiertanz der Bundesregierung um die Frage: Kriegspartei oder nicht Kriegspartei?

Der größere Teil der Berliner Politik und ebenso der deutschen Medien hält es mit dem im Mai 2022 erschienenen Aufsatz eines Rechtsprofessors der Bonner Universität, Stefan Talmon, der seinem Text den bezeichnenden Titel gibt: »Kriegspartei oder nicht Kriegspartei? Das ist nicht die Frage«. (Talmon 2022) Der Rechtsbegriff Kriegspartei stamme aus dem 19. und frühen 20. Jahrhundert und sei mit dem Briand-Kellogg-Pakt von 1928 und dem Gewaltverbot der UN-Charta neu zu fassen. Für Krieg gebe es keinerlei rechtliche Grundlage mehr, außer für den Verteidigungskrieg. Bei jedem Kriegseinsatz käme es »deshalb … ausschließlich auf den objektiven Tatbestand des internationalen bewaffneten Konflikts an«. Nach dieser Auffassung könnten die NATO-Armeen massiv an der Seite der Ukrainer gegen Russland in den Krieg ziehen, und sie wären nicht co-belligerent, keine Konfliktteilnehmer, keine Kriegspartei.

Ganz anders sehen das die Wissenschaftlichen Dienste des Deutschen Bundestags. Schon im ersten Satz ihres Gutachtens heißt es mahnend: »Im aktuellen Krieg zwischen Russland und der Ukraine befinden sich die NATO-Staaten auf einer Gratwanderung, indem sie einerseits die Ukraine militärisch unterstützen, ohne dabei andererseits als Partei in den bewaffneten Konflikt zwischen Russland und der Ukraine zu intervenieren (sog. ›Drittstaatenintervention‹).« Und weiter: »Mit der Drittintervention in einen bewaffneten Konflikt sind gravierende rechtliche und militärische Folgen verbunden – von einer geografischen Ausweitung des Konfliktgebietes bis hin zum (nuklearen) Eskalationspotenzial.« (BT-WD, 16.3.2022) Man zitiert Talmon, dass seit dem Briand-Kellogg-Kriegsächtungspakt die Vertragsparteien dem Aggressor die Neutralität verweigern können und eine nicht-neutrale, aber gleichwohl am Konflikt nicht beteiligte Rolle einnehmen. Dagegen führen die Dienste den Bochumer Völkerrechtler Pierre Thielbörger an, dass es bei der Frage der non-belligerency, der Nichtkriegsführung, rechtlich unerheblich sei, ob es sich bei Waffenlieferungen um »offensive« oder »defensive« Waffen handele. Aber »wenn neben der Belieferung mit Waffen auch die Einweisung der Konfliktpartei bzw. die Ausbildung an solchen Waffen in Rede stünde, würde man den gesicherten Bereich der Nichtkriegsführung verlassen.« (ebd., S. 6) Bei der Ausbildungsmission EUMAM, deren Koordination die Bundeswehr übernimmt, geht es um noch um mehr als das: nicht nur um die Ausbildung an Waffen, sondern auch um die Übung der mit ihrer Hilfe durchgeführten Gefechte.

Generell stellt Thielbörger fest: »Je substantieller die Unterstützung wird und je abhängiger die unterstützte Partei, also die Ukraine in unserem Fall, davon ist, desto näher kommt man der roten Linie. Strategisch relevante Informationen fallen dabei natürlich ins Gewicht.« (NZZ, 13.3.2022) Die NATO lässt AWACS-Flugzeuge an der Grenze zur Ukraine patrouillieren und gibt die Informationen an die ukrainische Luftwaffe weiter. (BT-WD, 16.3.2022, S. 9) Die NATO überwacht den ukrainischen Luftraum für die ukrainische Luftwaffe, die EU bildet – wie Großbritannien und die USA – ukrainische Soldaten aus und liefert ihnen modernste Waffen, die US- und britischen Geheimdienste sind bekanntermaßen äußerst aktiv vor und hinter der Front und geben der ukrainischen Armee laufend konkrete Hinweise – aber NATO, EU oder Deutschland sind keineswegs beteiligte Konfliktparteien?

Die finanziellen Zuwendungen von Deutschland und EU
Schon lange vor der russischen Invasion war Deutschland der wichtigste bilaterale Geldgeber für die Ukraine in Europa. Seit 2014 hat Deutschland laut dem Berliner Auswärtigen Amt 1,83 Milliarden Euro »Hilfsgelder« an Kiew gegeben. Über die EU zahlte Berlin noch einmal 3,6 Milliarden dazu. (n-tv, 14.2.2022) Die EU hatte darüber hinaus eine »Makrofinanzhilfe« von über 7 Milliarden Euro an Darlehen und Zuschüssen geleistet. (Europäischer Rat 2022/23a)

Im Krieg nun hat die EU ihre Mittel enorm erhöht. Insgesamt sind bereits 20 Milliarden Euro zur Unterstützung der Aufnahme von Ukraine-Geflüchteten in den einzelnen EU-Ländern bereitgestellt. Für 2022 wurde der Ukraine eine weitere Makrofinanzhilfe von 9 Milliarden Euro gewährt. Sämtliche Zölle auf Importe aus der Ukraine wurden ausgesetzt. Weitere 3,1 Milliarden Euro hat die EU im Rahmen der »Europäischen Friedensfazilität« ausgereicht. Insgesamt beziehen sich die Hilfen der EU auf die »Aufnahme von Flüchtlingen, auf den Schutz von Kindern, auf humanitäre Hilfe, Unterstützung beim Katastrophenschutz, wirtschaftliche Unterstützung, Unterstützung für die ukrainische Armee, Unterstützung der Strafverfolgung in Bezug auf Kriegsverbrechen, Wiederaufbau der ›demokratischen Ukraine‹« (ebd.). Die EU finanziert einen großen Teil der staatlichen Aufgaben der Ukraine.

Herausragend ist die Solidaritätsleistung Deutschlands. Es ist der mit Abstand größte Einzahler in die EU-Töpfe. Von den vier Millionen Flüchtlingen, die aus der Ukraine in die EU kamen, wählten bis November 2022 eine Million Deutschland als ihr Zufluchtsland. Die Bundesregierung hat dafür über eine Milliarde Euro aufgebracht, hinzu kommen die immensen Beiträge der Kommunen und Länder. Für die Binnenvertriebenen in der Ukraine setzte das Bundesministerium für wirtschaftliche Zusammenarbeit ein Sofortprogramm von 591 Millionen Euro auf, für Minen- und Kampfmittelräumung

1. ... LÄNGST AKTIVER KONFLIKTTEILNEHMER = KRIEGSPARTEI

wurden 8,5 Millionen gezahlt. Das Auswärtige Amt brachte 466 Millionen Euro für humanitäre und für Katastrophenhilfe auf. Allein für die Europäische Friedensfazilität steuerte Deutschland 2,5 Milliarden Euro bei. (Auswärtiges Amt 2022/23)

Der ukrainischen Regierung ist das bei weitem nicht genug. Der Wirtschaftsberater von Präsident Selenskyj, Alexander Rodnyansky, erklärte, die Ukraine brauche jeden Monat für ihren Haushalt vier bis fünf Milliarden US-Dollar. »Wir glauben, dass Deutschland etwa 500 Millionen Dollar pro Monat übernehmen könnte, vor allem mit Blick auf das Jahr 2023.« Von der EU insgesamt erhoffe sich die ukrainische Regierung etwa das Vierfache, rund zwei Milliarden Euro pro Monat. (stern.de, 25.10.2022) Deutschland würde dann rund 6 Milliarden Euro pro Jahr für das Funktionieren des ukrainischen Staatswesens zahlen, ohne die EU würde der Staat Ukraine schnell zusammenklappen. Auch dann wird Berlin noch behaupten, Deutschland sei keine Kriegspartei. Die Wahrheit ist heute schon das schiere Gegenteil, Deutschland ist Kriegspartei wie die NATO und die EU. Und wenn die kriegerische Entwicklung weiter eskaliert, dann wird die Gefahr eines schlimmstenfalls atomaren Gegenschlags auf Ziele in Deutschland und ganz EU-Europa sehr real.

Kapitel 2

Der Wirtschaftskrieg Deutschlands und der EU gegen Russland

Bis November 2022 hat die EU acht Sanktionspakete gegen Russland in Gang gesetzt, die einen Wirtschaftskrieg begründeten, wie man ihn noch nie gesehen hat. Das Ziel ist ja auch fundamental. Es geht nämlich nicht etwa um die Beendigung des Ukraine-Kriegs. Nein, es gehe, sagt Außenministerin Baerbock schon in der Sondersitzung des Bundestags zur »Zeitenwende« am 27.2.2022, bei »Putins Krieg« um einen »Angriff auf unseren Frieden in Europa«, einen »Angriff auf all die Werte unserer regelbasierten internationalen Ordnung«, um eine »Entscheidung für eine außenpolitische 180-Grad-Wende«. Und »was unsere Sanktionen leisten, ... ist, Putin zu zeigen: Mittel- und langfristig wird dieser Krieg Russland ruinieren.«

Das Ziel der Sanktionen der EU ist mithin, Russland mittel- und langfristig in den Ruin zu treiben. Es gehe darum, wieder O-Ton Baerbock, »das System Putin im Kern (zu) treffen«. Zwei Tage zuvor hatte sie in Brüssel bei der Auflegung des ersten Sanktionspakets der EU dessen Qualität so vorgestellt: »Das wird Russland ruinieren.« Den Feind Russland zu ruinieren, ist kein verbaler Ausrutscher, es ist das wiederkehrende Motto der zum Krieg treibenden Reden der grünen Außenministerin. Ganz Russland zu ruinieren, ist wohl selbst für die Ohren der vom Davoser Weltwirtschaftsforum geförderten »Young Global Leader« zu völkermörderisch salopp, weshalb sie Russland auf das »System Putin« konkretisieren. Das System Pu-

2. DER WIRTSCHAFTSKRIEG GEGEN RUSSLAND

tin abzuschaffen, Regimewechsel in Moskau, das ist das zugrunde liegende Ziel und Motiv des westlichen Wirtschaftskrieges. 38 Regierungen aus Nordamerika, Europa und Asien haben bis November 2022 über 16.000 Sanktionen gegen Russland verhängt, eine noch nie dagewesene wirtschaftliche Offensive gegen ein Land, das immerhin die sechstgrößte Wirtschaftsmacht der Welt ist. (Mulder 2022)

Die Ukraine als NATO-Vorposten für die westliche Dominanz über ein Putin-freies und dann prowestliches Russland einzurichten, Russland in die vielfältigen Teilrepubliken zu zerlegen, die seinerzeit in der Sowjetunion zusammengeschlossen waren – das sind die strategischen Ziele des US-geführten Westens in diesem geopolitischen Konflikt.

1.
Acht Sanktionspakete der EU:
Exporte drosseln, Importe zur Modernisierung verhindern,
Wirtschaftsleistung herunterdrücken, Macht-Eliten wechseln

In ihrer Zusammenfassung der bisherigen Sanktionen der EU nennt die deutsche Regierung als deren Ziel, »die russische Wirtschaft und die politische Elite massiv zu schwächen«. (Bundesregierung 2023) Unter Einbezug früherer Sanktionen gegen Einzelpersonen, verhängt nach der Übernahme der Krim durch Russland 2014, »hat die EU insgesamt 116 Organisationen und 1.239 Einzelpersonen mit Sanktionen belegt«. (Europäischer Rat 2022/23b) Dazu gehören Präsident Putin, Außenminister Lawrow, 351 Mitglieder der russischen Staatsduma (Parlament), die für die Anerkennung der Volksrepubliken Donezk und Lugansk gestimmt haben, kremlnahe Oligarchen wie Roman Abramowitsch, der Bürgermeister von Moskau, hochrangige Militärs und Beamte, Geschäftsleute, die den russischen Staat mit Finanzdienstleistungen, Militärgütern und Technologie versorgen, »Propagandisten und Desinformationsakteure«. Die Sanktionen gegen Einzelpersonen umfassen Reiseverbote und das Einfrieren von Vermögenswerten, soweit die EU darauf Zugriff hat. Mit den Wirtschaftssanktionen hofft die EU, einen Absturz des russischen Bruttoinlandsprodukts (BIP) um 11,2 % zu erreichen. Die Ausfuhrverbote gelten für alle Güter der Spitzentechnologie, u. a. für Quantencomputer und fortgeschrittene Halbleiter, hochwertige Elektroerzeugnisse und Software. Aus Russland in die EU dürfen nicht eingeführt werden: Rohöl und raffinierte Erdölerzeugnisse, Kohle, Stahl und Eisen, Gold und Schmuck, Holz, Zement und Kunststoffe, Meeresfrüchte und Spirituosen. Was Russland braucht, Hochtechnologie, wird nicht geliefert. Was Russland überlegen anbieten kann, wird von der Einfuhr ausgeschlossen. Anfang Oktober 2022 beschlossen die EU-Mitgliedsstaaten das achte Sanktionspaket, das weitere Einzelpersonen und Organisationen mit Sanktionen belegte und neue Einfuhrverbote im Wert von 7 Milliarden Euro verfügte. Den Erfolg der bis dahin verhängten Sanktionen fasste die Bundesregierung so zusammen:

Finanzsektor: Die russischen Banken werden vom SWIFT-System ausgeschlossen. Damit können sie faktisch am internationalen Zahlungsverkehr nicht teilnehmen, ihre globalen Aktivitäten werden erheblich eingeschränkt. Der russischen Zentralbank werden Transaktionen verboten, ihre Vermögenswerte werden eingefroren, der Zugriff auf ihre Devisenreserven in der EU wird erschwert. »Ganz konkret heißt das: 70 % des russischen Bankenmarktes und wichtige staatliche Unternehmen werden von den wichtigsten Kapitalmärkten ausgeschlossen.«

Energiesektor: Spezielle Exportverbote sollen es Russland »unmöglich machen, seine Ölraffinerien zu modernisieren«. Einfuhren aus raffiniertem Öl sind verboten, 2019 betrugen sie 24 Milliarden Euro. Gas wurde von den Exportverboten für Energieträger ausgenommen (Russland drehte seinerseits den Gashahn zu).

Transportsektor: Russische Flugzeuge dürfen nicht mehr in der EU landen, dort starten oder sie überfliegen. Der Export von Flugzeugen und Ausrüstung an russische Fluggesellschaften ist verboten, ebenso die damit verbundenen Reparatur- und Wartungsarbeiten. Drei Viertel der russischen Verkehrsflugzeuge sind in der EU, den USA und Kanada gebaut. Alle drei Regionen/Staaten haben ihre Sanktionsregime gegen Russland aufgebaut und aufeinander abgestimmt, die USA und Kanada in noch größerem Maßstab als die EU. Russland ist mithin nicht mehr in der Lage, seine Luftflotte nach internationalen Standards fortzuführen. Häfen und Schleusen sind für russische Schiffe gesperrt. Russischen Kraftverkehrsunternehmen ist die Einreise in die EU untersagt.

Industriesektor: Der Zugang Russlands zu wichtigen Schlüsseltechnologien ist versperrt, Stahl, Holz, Zement dürfen nicht in die EU exportiert werden.

Mediensektor: Drei russische Staatssender wurden im EU-Gebiet verboten. Ebenso wurde allen EU-Unternehmen untersagt, in diesen Sendern Werbung zu schalten.

2.
Die Wirkung der Sanktionen

Die EU war sich sicher, dass dieser gewaltige Sanktionskatalog die russische Wirtschaft und Gesellschaft empfindlich treffen würde. Vom 24.2. bis Anfang November 2022 waren gegen Russland 10.062 Sanktionsmaßnahmen verhängt worden, angeführt von den USA (1.683), Kanada (1.418), Schweiz (1.406), England (1.385), EU (1.184), Australien (974), Japan (880). (Steingart, November 2022) Die EU-Strategen sahen einen Rückgang der russischen Exporte von 30 %, der Importe von 35 % voraus. Die Inflationsrate würde um 22 % ansteigen. Das russische BIP würde um 11,2 % fallen. OECD, IWF und Weltbank waren vorsichtiger und erwarteten einen Einbruch von 5,5 bis 9 %.

Aleksander Auzan, der an der Moskauer Lomonossow-Universität als Dekan die Fakultät für Wirtschaftswissenschaften leitet und dem »Öffentlichen Rat« im russischen Wirtschaftsministerium vorsitzt, bestätigt die enorme Wucht der Schläge des »Sanktionssturms«. (MDR, 12.8.2022)

Die Einfuhren seien bis August 2022 um 40 % zurückgegangen, auch die Exporte seien gesunken. Die Russen hätten aber seit 30 Jahren Erfahrung im Umgang mit Krisen. Zwei Krisen in den 1990er Jahren, eine in den 2000ern, eine weitere 2014/15, dann die Corona-Krise und jetzt der »Sanktionssturm«. Dieser würde vor allem die komplexen Branchen und deren Perspektiven betreffen, die Logistik, die Finanzsysteme und den dazugehörigen Dienstleistungssektor, der in der Sowjetunion praktisch nicht existiert hätte. Russland würde die Wirkungen erst später merken, wenn »wir dieses oder jenes Produkt nicht herstellen können, weil wir nicht über die notwendige Technologie verfügen«.

Als »Instrument, um den Kurs der Regierung zu ändern«, taugten die Sanktionen aber nicht, sagt er mit Verweis auf Kuba und den Iran. Für den Westen gäbe es zwei Motive, warum er dennoch Sanktionen verhängt. Erstens wollten die Regierungen den eigenen Bevölkerungen demonstrieren, dass sie nicht untätig seien. Zweitens wirkten sich Sanktionen nicht nur auf das Zielland aus, sondern auch auf dessen Partner. Die Androhung von Sekundärsanktionen sei wirksam. »Aus diesem Grund versuchen beispielsweise große chinesische Unternehmen, direkte Partnerschaften mit Russland zu vermeiden, auch wenn komplexe indirekte Lieferketten entstehen.«

Doch würde der hohe Anteil am globalen Energiesektor die Lage retten. Russisches Öl sei ersetzbar, aber bei Erdgas produziere Russland 30 % des weltweiten Aufkommens. Russland würde den Sanktionen also trotzen. Daraus folgere aber keineswegs, dass Russland alles richtig gemacht habe. Um sich zu entwickeln, brauche man nicht nur Geld, sondern auch entsprechende Technologien. »Wenn wir diese nicht haben, dann sind wir natürlich selbst schuld daran« und sind »jetzt gezwungen, das Projekt zur Schaffung von Mikroelektronik neu zu starten«, kritisiert Auzan, der neben seinen Funktionen an Universität und im Regierungsbeirat auch Direktor des Instituts für nationale Projekte und Vorsitzender des Beirats von Yandex ist, der größten Suchmaschine, die der Entwicklung eines russischen digitalen Ökosystems dienen soll.

Weiter kritisiert er, Russland hätte früher seine Beziehungen diversifizieren und Beziehungen »zu Indien, China usw.« aufbauen müssen. Zusammenfassend: »Das entlastet die Politik nicht von der Schuld an der kurzsichtigen Wirtschaftspolitik«. Den Mangel an moderner Technologie habe Russland bisher durch die hohe Qualität der Programmierer kompensiert, »die eine brillante Mathematikschule im Rücken haben«. Doch würden viele IT-Fachleute das Land verlassen, China und die USA hätten ganze Programme entwickelt, »um führende Spezialisten für sich zu gewinnen«. Zwar gebe es jetzt in Russland die richtigen materiellen Anreize, doch werde »hochwertiges intellektuelles Kapital ... dann angezogen, wenn Menschen das Leben um sich herum beeinflussen können. Die Menschen wollen nicht nur Objekte der Politik sein, sondern auch Einfluss nehmen auf die Politik.«

Hier sagt eine der wesentlichen Figuren des Moskauer (Wissenschafts-)Establishments, dass erstens die Sanktionen die Partner Russlands abschreckt und dass zweitens Russland demokratisiert werden muss, andernfalls das »hochwertige intellektuelle Kapital« das Land verlasse. Das sind zwei sehr bemerkenswerte Einschätzungen, die denjenigen Präsident Putins entschieden entgegenstehen und vielleicht die Hoffnungen der NATO- und EU-Kriegsparteien beflügeln. Diese sollten aber bedenken, dass die ungeschminkte Aussage zugunsten demokratischer Zustände durch eine der führenden Personen im technologischen Modernisierungsprozess Russlands dafür spricht, dass diese Demokratisierung sich schon von innen auf den Weg macht. Ob Putin diese Zeichen der Zeit erkennt, scheint mehr als fraglich.

Allerdings hat Auzan die Wirkung der Sanktionen auf die Wirtschaft Russlands stark überschätzt. Die Inflationsrate für 2022 liegt bei 13,8 %, nicht bei den von der EU prophezeiten 22 %. Das BIP-Wachstum ist nicht um 11,2 % reduziert, sondern um 3,4 %.

Die Arbeitslosigkeit weist mit unter 5 % die niedrigste Rate seit 30 Jahren aus. Der Handelsüberschuss ist Dank der enorm gestiegener Energie- und sonstiger Rohstoffpreise mit 12,2 % des BIP der höchste seit 2002. (IWF 2022/23) Die besseren quantitativen Daten der Wirtschaftsstatistik ändern freilich nichts am qualitativen Problem der schwachen Hochtechnologie-Transformation der russischen Wirtschaft und Gesellschaft und dem Mangel an Demokratie, die offenbar auch schon von Teilen des intellektuellen Establishments eingefordert wird.

Kapitel 3

Krieg und Wirtschaftskrieg aus Sicht des Kreml

Während Russlands Truppen in die Ukraine einmarschierten, erläuterte der Präsident an eben jenem 24. Februar 2022 im Fernsehen, warum diese »militärische Sonderoperation« zwingend notwendig sei. Als Hauptgrund nannte er – neben dem Schutz der Donbass-Republiken – »die Ausdehnung des NATO-Blocks nach Osten, die Annäherung seiner militärischen Infrastruktur an die Grenze Russlands«. (Putin 2022) Russland habe »in den vergangenen 30 Jahren beharrlich und geduldig versucht …, mit den führenden NATO-Ländern eine Einigung über die Grundsätze der gleichen und unteilbaren Sicherheit in Europa zu erzielen«. Die NATO hingegen habe ihre »Kriegsmaschinerie in Bewegung« gesetzt und nähere sich jetzt »unseren Grenzen«. Nach dem Zusammenbruch der Sowjetunion habe Russland »nur für einen Moment das Selbstvertrauen verloren« und habe eine »Neuaufteilung der Welt« zugelassen – nach dem Diktat des Westens, der sich in einem »Zustand der Euphorie«, befand, »hervorgerufen durch das Gefühl absoluter Überlegenheit, eine Art modernen Absolutismus«.

Dann führte Putin die Schandtaten des Westens auf, angefangen von der »blutigen Militäraktion gegen Belgrad«, die durchgeführt wurde »ohne die Zustimmung des UN-Sicherheitsrates, aber mit dem Einsatz von Kampfflugzeugen und Raketen im Herzen Europas« und der »Bombardierung friedlicher Städte und lebenswichtiger Infrastrukturen«. Nach Belgrad »kamen der Irak, Libyen und Syrien an die Reihe«. In Libyen wurde militärische Gewalt illegal eingesetzt, wurden die Beschlüsse des UN-Sicherheitsrates eklatant verfälscht. Zu den Folgen zählten ein verheerender Bürgerkrieg in Libyen und ein massiver Flüchtlingsstrom aus dem Nahen Osten nach Europa. Im Fall Irak log der US-Außenminister »von der hohen UN-Tribüne aus«. Das Ergebnis »ist ein enormer Verlust an Menschenleben, Schaden, Zerstörung und ein kolossales Aufleben des Terrorismus«.

Putin nennt auch die damaligen Versprechen, »die NATO nicht einen Zoll weiter nach Osten zu erweitern. Sie haben uns getäuscht.« US-Politiker und Politologen selbst sprächen von einem »Lügenimperium«. »Alle Satelliten« der USA würden »demütig und gehorsam ›ja‹ zu ihnen sagen«, der »westliche Block« könne in seiner Gesamtheit das »Imperium der Lügen« genannt werden. Trotz der Bereitschaft des modernen Russlands nach dem Zerfall der Sowjetunion »zur ehrlichen Zusammenarbeit mit den USA und anderen westlichen Partnern und der nahezu einseitigen, sofortigen Abrüstung«, hätte der Westen von Anfang an versucht, »uns fertig zu machen und völlig zu vernichten«.

Trotz alledem hätte Russland »im Dezember 2021 einen weiteren Versuch unternommen, mit den USA und ihren Verbündeten eine Einigung über die Grundsätze der europäischen Sicherheit und der Nichterweiterung der NATO zu erzielen. Unsere Bemühungen waren vergeblich.«

Wie soll es weitergehen? Putin verweist auf die Erfahrung der UdSSR mit Nazi-Deutschland. Damals habe man es unterlassen, sich rechtzeitig und gründlich genug auf den Feind vorzubereiten, um diesen nicht zu provozieren. Als die UdSSR »schließlich handelte, war es zu spät … In den ersten Monaten nach dem Ausbruch der Kämpfe haben wir große Gebiete von strategischer Bedeutung und Millionen von Menschenleben verloren. Wir werden diesen Fehler nicht ein zweites Mal begehen.«

3. KRIEG UND WIRTSCHAFTSKRIEG AUS SICHT DES KREML

Deshalb sind die Bemühungen der NATO, »militärisch auf ukrainischem Gebiet Fuß zu fassen, ... für uns inakzeptabel«. Für die USA und ihre Verbündeten sei die sogenannte Eindämmung Russlands »eine offensichtliche geopolitische Dividende. Für unser Land ist es jedoch eine Frage von Leben und Tod, eine Frage unserer historischen Zukunft als Nation.«

Putin führt seine Begründungen zu dem Schluss: »Wir handeln, um uns gegen die Bedrohungen zu verteidigen, die für uns geschaffen wurden, und gegen eine schlimmere Gefahr als die, die jetzt besteht. Ich bitte Sie, so schwer dies auch sein mag, dies zu verstehen.«

Was ist von dieser Begründung zu halten? Die angeführten Fakten, die Einkreisung Russlands durch die NATO (ihre Ausdehnung von 12 auf 30 Mitgliedsstaaten, vor allem frühere Mitglieder des Warschauer Pakts und sogar Sowjetrepubliken kamen hinzu); und das, obwohl Baker und Genscher im Februar 1990 gegenüber Gorbatschow in Aussicht gestellt hatten, die NATO würde keinen »inch weit nach Osten« vorrücken (welt.de, 18.2.2022); die Zurückweisung 2021 der Vorschläge Russlands, eine neue Europäische Sicherheitsordnung auszuhandeln einschließlich der Festlegung, die Ukraine werde kein NATO-Mitglied) – all dies trifft zu. Es trifft auch zu, dass die NATO, vor allem die USA und Großbritannien, und auch Deutschland, an der Ausrichtung Kiews auf eine West- und NATO-Orientierung gearbeitet haben und weiter tüchtig daran drehen. Die Ukraine wäre dann in der Tat das strategische Glacis zur militärischen Überwältigung oder Einschüchterung Russlands. Jeder, der Russland nur oberflächlich kennt, weiß, dass der Nazi-Überfall sich ins Bewusstsein der russischen Bevölkerung eingebrannt hat. Die Russen wissen um ihre Gefährdung, und sie sehen eine neue Front von Westen heraufziehen. Sie sehen, wie skrupellos westliche Regierungen ukrainische Verbände unterstützen, die sich voller Stolz der Kollaboration ihrer Vorläufer mit den Nazis im Zweiten Weltkrieg rühmen.

Wer nicht ein Übermaß an Milch der frommen NATO-Denkungsart abbekommen hat, wird zugeben müssen, dass Russland sich mit einigem Recht in einer Zwangslage sieht. Dennoch ist das Vorgehen der Putin-Regierung eindeutig völkerrechtswidrig. In Artikel 2, Nr. 4 der UN-Charta heißt es: »Alle Mitglieder unterlassen in ihren internationalen Beziehungen jede gegen die territoriale Unversehrtheit oder die politische Unabhängigkeit gerichtete oder sonst mit den Zielen der Vereinten Nationen unvereinbare Androhung oder Anwendung von Gewalt.« (UN-Charta) Putin kann sich so wenig auf das Selbstverteidigungsrecht berufen wie das NATO-Mitglied Türkei im Fall seiner völkerrechtswidrigen Bombardierungen angeblicher PKK-Stellungen in Syrien und im Irak. Oder ebenso wenig wie die USA und andere NATO-Staaten zwanzig Jahre lang in Afghanistan, die mit ihrer »Responsibility to Protect« sich selbstherrlich und völkerrechtswidrig das Recht zur Entscheidung darüber zuschreiben, wann ein Angriff auf die von ihnen ausersehene Region geboten ist (wie u. a. in Jugoslawien und Libyen).

Die russische Invasion ist aber nicht nur völkerrechtswidrig, sie ist auch politisch unsinnig. Sie hat dazu beigetragen, dass die NATO sich eher noch vergrößert, da Finnland und Schweden jetzt beitreten wollen und damit die militärische Einkreisung Russlands von Norden, Westen und Süden komplettieren. Sie hat die »Satelliten« hinter den USA noch stärker ins Allianz-Korsett gebunden. Sie hat die internationalen Partner Russlands – rund 45 Staaten, die Vertreter der Mehrheit der Weltbevölkerung, weigern sich regelmäßig in der UN, das russische Vorgehen zu verurteilen – noch weiter in die Feuerzone der westlichen Allianz gerückt, was vor allem die Volksrepublik China belastet.

Und die russische Regierung hat sich gründlich in der Reaktion der ukrainischen Bevölkerung und des Militärs verschätzt. In seiner Rede vom 24. Februar 2022 wendet sich Putin direkt an die »Genossen Offiziere« der ukrainischen Armee und fordert sie auf, ihre Uniform an den Nagel zu hängen, sie hätten ihren Eid auf das ukrainische Volk abgelegt, »und nicht auf diese Junta, diesen Widersacher des Volkes, der die Ukraine ausplündert und das ukrainische Volk demütigt«. Doch die Invasion hat genau das Gegenteil bewirkt, indem sie die Bevölkerung und das politische Regime enger zusammenführte. Kein Offizier ist desertiert, die Truppe hat exzellente Kampfmoral – für die Ukraine, gegen die russischen Invasoren. Die werden nicht als Befreier angesehen, sondern als Feinde, Bevölkerung und Militär der Ukraine sehen sich selbst als ukrainische Patrioten wie nie zuvor.

Der Ukraine-Krieg war ein
Projekt US-amerikanischer Regierungskreise seit über 20 Jahren
Putins Strategie basierte auf grundfalschen Annahmen. Er hat nicht mit der langen Dauer des Konflikts gerechnet und nicht damit, dass die USA und die NATO ihn in einen Abnutzungskrieg gegen Russland ummünzen könnten. »Der Krieg in der Ukraine ist der Höhepunkt eines 30-jährigen Projekts der amerikanischen neokonservativen Bewegung.« So urteilt Jeffrey D. Sachs, ehemaliger Direktor des Earth Institute an der New Yorker Columbia University und Berater von UNDP (Entwicklungsprogramm der Vereinten Nationen), IWF, Weltbank und OECD. (Sachs, 29.6.2022) Sachs' aufschlussreiche Hinweise:

1) In der US-Regierung sind dieselben Neokonservativen, die die Kriege der USA in Serbien (1999), Afghanistan (2001), Irak (2003), Syrien (2011) und Libyen (2011) befürwortet und die so viel dazu beigetragen haben, den Einmarsch der Russen in die Ukraine zu provozieren. Victoria Nuland war US-Botschafterin von George W. Bush bei der NATO. Von 2013 bis 2017 war sie stellvertretende Außenministerin für eurasische Angelegenheiten und als solche am Sturz des prorussischen ukrainischen Präsidenten Janukowitsch beteiligt. 2014, nach dem Maidan-Putsch gegen die Regierung Janukowitsch rühmte sie bei einer Pressekonferenz in Kiew vor den riesigen Firmenlogos der US-Energiekonzerne Chevron und Exxon, die US-Regierung habe fünf Milliarden Dollar in die Unterstützung der regierungsfeindlichen Kräfte gesteckt. (*WDR*-Magazin Monitor, 13.3.2014) Heute ist sie Unterstaatssekretärin bei Präsident Biden, zuständig für die US-Politik gegenüber der Ukraine.

2) Die Hauptbotschaft der Neocons – (zu den bekannten publizistischen Vertretern zählen Norman Podhoretz, Robert Kagan, Irving Kristol, Paul Wolfowitz, zu den Politikern Ex-Präsident George W. Bush und sein Verteidigungsminister Dick Cheney) – lautet: Die USA sollen in jeder Region der Welt die militärische Vormachtstellung innehaben und sich den aufstrebenden regionalen Mächten entgegenstellen, vor allem Russland und China. Auf deren »Herausforderung« sollten die USA vorbereitet sein und nach Bedarf mit Kriegen darauf reagieren. Wolfowitz hatte als Chefberater von Präsident Bush in seinem Entwurf für die Nationale Verteidigungsstrategie von 2002 gefordert, Mittel- und Osteuropa in die NATO einzubeziehen, obwohl der deutsche Außenminister Genscher 1990 zugesagt hatte, dass auf die deutsche Wiedervereinigung keine NATO-Osterweiterung folgen würde.

3) 2008 wurde die NATO-Osterweiterung zur offiziellen US-Politik, wiederum unter Präsident George W. Bush. Die Neocons betrachteten die NATO-Mitgliedschaft der Ukraine als Schlüssel zur regionalen und globalen Dominanz. Sachs zitiert Robert Kagan von 2006: »Die Russen und Chinesen sehen (in den farbigen Revolutionen in der ehemaligen Sowjetunion) nichts Natürliches, sondern nur vom Westen unterstützte Putsche, die den westlichen Einfluss in strategisch wichtigen Teilen der Welt stärken sollen. Haben sie so unrecht? Könnte die erfolgreiche Liberalisierung der Ukraine, die von den westlichen Demokratien vorangetrieben und unterstützt wurde, nicht nur das Vorspiel für die Eingliederung dieses Landes in die NATO und die Europäische Union sein – kurz gesagt, für die Ausweitung der westlichen liberalen Hegemonie?«

Sachs trifft mit diesen Fakten nicht nur ein globalpolitisches Konzept der Neocons, sondern die Politik aller US-Präsidenten der letzten Jahrzehnte, von Bush jr. über Obama zu Trump und Biden. Letzterer hat in seiner »National Security Strategy« vom Oktober 2022 erklärt, seine Regierung wolle dieses Jahrzehnt nutzen, »um unsere geopolitischen Konkurrenten auszumanövrieren … Ich bin zuversichtlicher denn je, dass die USA alles haben, was sie brauchen, um den Wettbewerb um das 21. Jahrhundert zu gewinnen.« Er zählt die militärischen und ökonomischen Allianzen rund um den Globus auf, die den »autokratischen Gegnern« die Luft abdrücken sollen – China werde man »ausstechen« (out competing), Russland »einschränken« (constraining). (Weißes Haus 2022, S. 2) Schöner, schlimmer hätte das kein Neocon sagen können.

Putin im Frühsommer 2022:
Der Wirtschaftskrieg des Westens ist gescheitert
Im Juni 2022 verkündete Putin in triumphierender Pose, der westliche Wirtschaftskrieg gegen Russland sei gescheitert. Die »herrschenden Eliten einiger westlichen Staaten« gäben sich der Illusion hin, dass die Dominanz des Westens in der Weltpolitik und -wirtschaft ein konstanter, ewiger Wert ist«. Doch: »Nichts ist ewig.«

Putin will bekräftigen, dass es sich beim Ukraine-Krieg um eine Auseinandersetzung geopolitischer Dimension handelt, er will Russland als kämpferische Avantgarde der antiimperialistischen Kräfte darstellen. Der Westen versuche, diesen »Widerspenstigen zu fangen und zu befrieden, … ihn zu isolieren«. Das sei auch der Grund »für die irrsinnigen Sanktionen gegen Russland«, deren Ziel es sei, »die Industrie, das Finanzwesen und den Lebensstandard der Menschen zu treffen«. Das alles »hat nicht geklappt … es ist nicht passiert«.

Putin appelliert nicht nur an die vom westlichen Imperialismus misshandelten Nationen, sondern auch an den Nationalstolz der Russen. »Wir sind starke Menschen und können … jede Herausforderung meistern. Wie unsere Vorfahren sind wir jeder Herausforderung gewachsen. Das zeigen die Jahrtausende der Geschichte unseres Landes.« Das kommt zwar nicht an die Selbstbeschwörungsformeln der US-amerikanischen Exzeptionalisten von den USA als »Gottes auserwählter Nation« heran, gehört aber in eine ähnliche Kategorie. Offenkundig nimmt Putin den schwindenden Rückhalt und die wachsende Kritik in seinem Land wahr. Direkt greift er die kritischen wirtschaftswissenschaftlichen Ökonomen an: »Übrigens haben sich auch einige unserer Experten diesem äußeren Druck gebeugt und sind in ihren Prognosen auch von einem drohenden Zusammenbruch der russischen Wirtschaft ... ausgegangen.« Um weiterhin erfolgreich zu sein, »müssen wir an unsere eigene Stärke glauben – das ist sehr wichtig.« Putin wird kein Mann der kritisch-realistischen Intellektuellen werden, lieber mobilisiert er nationale Überlegenheitsgefühle. Wie gründlich dieser kompetente Staat Russland den Wirtschaftskrieg zuruckgeschlagen habe, will Putin mit dieser Zahl belegen: Der russische Staat habe in den ersten fünf Monaten einen Haushaltsüberschuss von fast einer halben Billion Rubel (etwa 5,5 Milliarden Euro) ausgewiesen. Doch »die europäischen Politiker haben ihrer Wirtschaft bereits einen schweren Schlag versetzt – und zwar mit ihren eigenen Händen«. Experten würden schätzen, »dass allein die direkten ›berechneten‹ Kosten der EU durch den Sanktionswahn im kommenden Jahr 400 Milliarden Dollar übersteigen können«. Das Münchner ifo Institut bestätigt die Information Putins. Es hat ausgerechnet, dass Deutschland durch die von Sanktionsmaßnahmen ausgelösten Preiserhöhungen bei Energie, sonstigen Rohstoffen und Lebensmitteln und die dadurch verursachten Preiserhöhungen für Importgüter und die Verschlechterung der internationalen Wettbewerbsbedingungen 2022 und 2023 ein Schaden von 144 Milliarden Euro entsteht. Anfang 2023 sprachen Wirtschaftsinstitute von einer Billion Euro, die Krieg und Wirtschaftskrieg Deutschland in dieser Zeit kosten würde (siehe Kapitel 4).

Putin im Frühherbst 2022: Atomwaffen? »Kein Bluff«
Im September 2022 verkündet Putin die Teilmobilmachung. In diesem Zusammenhang spricht er auch vom Einsatz nuklearer Waffen. Westliche Leitmedien melden »schärfere Atomwaffenrhetorik« und warnen vor »russischen Atomschlägen«. Was hat Putin wirklich gesagt?

Als erstes verweist Putin vor dem Nationalen Sicherheitsrat auf die ungeheure Schwere der Aufgabe, die als »militärische Sonderoperation« begann und sich längst zu einem regelrechten Krieg ent-

3. KRIEG UND WIRTSCHAFTSKRIEG AUS SICHT DES KREML

wickelt hat. Das sagt er so nicht, aber er sagt, dass »unsere Streitkräfte ... an der über 1.000 Kilometer langen Kontaktlinie (kämpfen), und zwar nicht nur gegen neonazistische Einheiten, sondern eigentlich gegen die gesamte Militärmaschinerie des kollektiven Westens«. (tagesspiegel.de, 22.9.2022) Der russische Präsident sieht mithin die NATO- und EU-Staaten als teilnehmende Kriegsparteien, was Konsequenzen haben könnte für die gesamte Region von Mittel-, West- und Südeuropa – und auch die USA. Westliche Politiker sprächen davon, »die Lieferung von offensiven Langstreckenwaffen an die Ukraine zu organisieren, die für Angriffe auf die Krim und andere russische Regionen genutzt werden könnten«. Die NATO würde in den südlichen Regionen Russlands Aufklärungsflüge, und dies unter Einsatz moderner Systeme, Flugzeuge, Schiffe, Satelliten und strategischer Drohnen, durchführen. Westliche Politiker würden offen sagen, dass Russland mit allen Mitteln auf dem Schlachtfeld zu besiegen sei und anschließend seiner Souveränität beraubt werden müsse. Wenn Putin damit meint, es ginge darum, das »System Putin« zu entfernen und ein dem Westen genehmes System einzusetzen sowie die Russische Föderation zu zerstückeln, so bestätigen ihn seine entschiedensten Gegner von Selenskyj in Kiew über Baerbock in Berlin und Biden in Washington.

Putin kommt dann auf die Frage der Atomwaffen zu sprechen. Der Westen habe »sogar zur nuklearen Erpressung gegriffen«. Dabei meine er sowohl »den vom Westen geförderten Beschuss des Kernkraftwerks Saporischschja« als auch die Diskussion westlicher Politiker über die Möglichkeit und Zulässigkeit des Einsatzes von Atomwaffen gegen Russland. Diese möchte er daran erinnern, »dass auch unser Land über verschiedene Arten von Waffen verfügt, und einige von ihnen sind moderner als die Waffen der NATO-Länder«. Dann kommen die entscheidenden Sätze: »Im Falle der Bedrohung der territorialen Integrität unseres Landes und zur Verteidigung Russlands und unseres Volkes werden wir mit Sicherheit von allen uns zur Verfügung stehenden Waffensystemen Gebrauch machen. Dies ist kein Bluff.«

Der russische Präsident sagt mithin, es muss eine Bedrohung Russlands vorliegen, seiner territorialen Integrität und der Sicherheit des Landes, bevor Russland Atomwaffen einsetzt, die »moderner (sind) als die Waffen der NATO-Länder«. Dass Russland sich bedroht fühlt, ist verständlich. Die »Waffenmaschinerie« der NATO und EU in der Ukraine und in den Regionen um Russland ist das eine. Das andere ist das jährliche Atomwaffen-Manöver der USA in Mitteleuropa, wo die fünf NATO-Nationen, die »eine nukleare Teilhabe« haben, nämlich Deutschland, Niederlande, Belgien, Italien und die Türkei, von US-Spezialisten im Umgang mit Atomwaffen trainiert werden. Bei der letzten »Steadfast Noon«-Übung 2022 führte Deutschland das Kommando, und geübt wurde die Montage »taktischer« Atomwaffen an Kampfjets der Bundeswehr, die im Ernstfall taktische US-Atomwaffen vom Typ B61 über dem Zielgebiet abwerfen. (Bundeswehr-Journal 2019) Diese Atomwaffen sollen im Kriegsfall den nuklearen Teilhabern überlassen werden. Auch für den russischen Präsidenten ist klar, dass die Ziele dieser Atombomben in Russland liegen sollen. Und allen im Westen sollte klar sein, dass Putin nicht warten wird, bis sein Land von Bomben, die ein Mehrfaches des Zerstörungsvolumens der Hiroshima-Bombe haben, für lange Zeiten verwüstet wird. Der Atomkrieg in Europa ist ein realistisches Szenario geworden. Ganz Deutschland würde dann zu einer radioaktiv strahlenden Ruine, gegen die das Bild der Ruinenlandschaft 1945 heimelig wirkt.

Kapitel 4

**Die Folgen von Hochrüstung
und Wirtschaftskrieg für Deutschland**

»Wirtschaftskrieg bevorzugt« überschreibt die *junge Welt* einen Ausschnitt aus Domenico Losurdos Buch »Eine Welt ohne Krieg«. (Losurdo 2022, S. 351 f) Die »ökonomische Kriegführung«, heißt es bei Losurdo, sei heute »das bevorzugte Instrument, mit dem eine große koloniale Macht, die mehr oder weniger die Weltwirtschaft oder eine wichtige Region der Welt kontrolliert, sich den Gehorsam oder die Unterwerfung eines Landes, das sich in kolonialen oder halbkolonialen Verhältnissen befindet oder das sich endgültig aus solchen Verhältnissen befreien will, zu sichern sucht«. Losurdo verweist auf das Beispiel der Volksrepublik China, wo 1949 die siegreichen Kommunisten nach fast zwei Jahrzehnten Welt- und Bürgerkrieg »die Macht eroberten und nun neben einer ständigen Bombardierung durch das Taiwan der Kuomintang dem Embargo der USA ausgesetzt waren«. Von Truman bis Nixon zog sich dieser Wirtschaftskrieg hin. Er hatte seit der Truman-Regierung das offizielle Ziel, dass China unter »der Plage« eines »allgemeinen Lebensstandards am oder unter dem Existenzminimum« leidet. Walt W. Rostow, der engste Berater von Präsident Kennedy, hatte seinerzeit erfreut bilanziert, dass durch diese Embargo-Politik die wirtschaftliche Entwicklung Chinas um »zig Jahre« verzögert worden sei. (ebd.)

Kuba ist Losurdos zweites Beispiel, wo weder die von der US-Regierung organisierte »Schweinebucht-Invasion« noch die von ihr bis heute betriebenen scharfen Sanktionsmaßnahmen die sozialistische Regierung kippen konnten. Anders im Fall Chile, wo Henry Kissinger, der Sicherheitsberater Präsident Nixons nach dem Wahlsieg von Salvador Allende von der CIA verlangte: »make the economy scream« – macht, dass die Wirtschaft vor Schmerz schreit. (Losurdo 2022, S. 353 f) Die CIA organisierte den »Streik« der Lastwagenfahrer, der die Wirtschaft in dem über 4.000 Kilometer langen Land fast zum Erliegen brachte, bevor dann das Militär unter US-Direktiven die Regierung der Unidad Popular wegputschte und danach Tausende ihrer Anhänger ermordete.

Schon damals war mithin die ökonomische Erpressung oft nicht hinreichend und der US-Imperialismus sah sich genötigt, militärische Mittel einzusetzen. Doch waren Kuba und das China der 1950er und 60er Jahre vergleichsweise kleine Nationen, was ihr Bruttoinlandsprodukt und ihren Anteil am Welthandel betraf. Heute führen Sanktionen gegen große Handelsmächte wie Russland oder gar China vor allem auch zu einem gefährlichen Rückstoß gegen das Land, das diese verhängt.

Erstes Opfer der Sanktionen: Deutschland selbst
Globalisierung bedeutet unter anderem die wachsende Interdependenz der einzelnen nationalen Volkswirtschaften. Der Handelsanteil am Welt-BIP (die Exporte im Verhältnis zur gesamten Wertschöpfung) stieg von 8 % (1960) über 14 % (1980) auf 22 % (2020). Für Exporte braucht man ausländische Märkte. (Mulder 2022) Russland, die sechstgrößte Wirtschaftsmacht der Erde und auf dem Weg zur technologischen Modernisierung, war ein solcher Markt, besonders für Deutschland, das Land der Maschinenbauer; China erst, das Land mit der größten Wirtschaftsleistung der Welt, ist ein gewaltiger Markt für eine Exportnation, zumal für die deutsche.

Unter den großen Volkswirtschaften ist Deutschland die mit Abstand »offenste«, diejenige mit der höchsten Quote von Exporten und Importen am Bruttosozialprodukt. Für Deutschland liegt die

Quote bei 89,4 %, für die USA bei 24,7 %, für China bei 34,5 %, für Indien bei 37,9 %, für Japan bei 38,5 %. (BMWK 2022a)

Fast die Hälfte der deutschen Wertschöpfung wird exportiert, 40 % aller in Deutschland verbrauchten Güter und Dienste werden importiert. Viele sind Voraussetzung für die weitere Produktion. »Rund ein Drittel der für die Herstellung von Industriewaren benötigten Vorleistungen (Waren und Dienstleistungen) kommt aus dem Ausland.« (Rangnitz 2022, S. 30) Russland, einer der weltweit größten Lieferanten für Gas, Öl und Weizen, war für Deutschland bis zum Sanktionskrieg der wichtigste Lieferant für Gas. Das billige Gas aus Russland verschaffte den deutschen Firmen einen Kostenvorteil im internationalen Wettbewerb mit Konkurrenten aus den USA, die teures Gas aus lokalem Fracking, oder, wie Japan, Flüssiggas (LNG, Liquified Natural) aus Katar und Australien bezogen. (unsere zeit, 25.11.2022) Der Krieg und die Sanktionen führten zum Stopp der russischen Gaslieferungen, die Energiepreise für die deutschen Verbraucher explodierten, die Lebensmittelpreise stiegen um weit mehr als das Doppelte der ohnehin schon hohen Inflationsrate. Die Gefahr wird real, dass Deutschland ohne das billige Gas aus Russland oder ähnlich kostengünstige Energieträger, die es bis heute nicht selbst in ausreichendem Maß zu erschließen in der Lage ist, es nicht schaffen wird, den Lebensstandard eines großen Teils seiner Bevölkerung zu halten, und dass eine auf den Export setzende deutsche Wirtschaft nicht fortexistieren kann. (siehe Kapitel 5)

**Der Gaskrieg: Schluss mit Russen-Gas,
her mit Flüssiggas aus Katar, neue Abhängigkeit von den USA**
Der Gaskrieg, den Deutschland mit der EU und den USA gegen Russland führt, ist ein Musterbeispiel, wie Sanktionen gegen eine relativ starke, global vernetzte Volkswirtschaft auf den Urheber zurückfallen können. Als die EU es geschafft hatte, Russland aus dem Internationalen Zahlungsverkehr SWIFT auszuschließen, verlangten die Russen, dass ihre Lieferungen nicht mehr in Dollar, sondern in Rubel gezahlt werden. Die EU willigte unter lautem Medienmur-

ren ein, da das EU-Schwergewicht Deutschland auf das russische Gas angewiesen war. Mehr als 50 % des gesamten deutschen Gasbedarfs von 90 Millionen Kubikmetern pro Jahr deckte Deutschland mit »Russengas«, vornehmlich durch die Röhre Nord Stream 1. Gleichzeitig beschloss die EU, sich aus der »Abhängigkeit« von russischem Gas zu lösen. Polen weigerte sich – neben Bulgarien –, die Umstellung auf Rubel mitzumachen, woraufhin die russische Seite – Gazprom – die Lieferung an Polen einstellte. Die Polen ihrerseits sperrten die Festlandleitung, die durch ihr Land zum westlichen Nachbarn Deutschland führt. Das tat auch die Ukraine mit der Druschba-Leitung, die ebenfalls nach Westen reicht, einschließlich einer Linie nach Österreich und Italien. Polen und die Ukraine werden seitdem »von Westen her mit Gas versorgt«. (Garnreiter 2022, S. 8; dort auch eine detailreiche Aufschlüsselung des Energiemarktes in seine Komponenten Kohle, Öl und Gas)

Zwei Leitungen waren also gesperrt, Russland drehte zusätzlich im August 2022 den Hahn an Nord Stream 1 zu, nachdem die deutsche Regierung die deutsche Gazprom-Tochter (Gazprom Germania) unter die eigene Verwaltung gestellt hatte und sich weigerte, neue Lieferverträge mit Russland abzuschließen. Nord Stream 2, die neue, zweite Leitung durch die Ostsee, wird im September 2022 durch Explosionen in 120 Meter Tiefe demoliert. Täter: »Unbekannt«. Die Spekulationen in den deutschen Medien schießen ins Kraut. »Der Russe« wolle vor Augen führen, wie grundsätzlich sein Gasstopp zu verstehen sei. Das hat nicht viel Sinn, denn die Hoheit über den Gashahn hat er ohnehin. Wozu dann das eigene, mühsam hergestellte Eigentum zerstören? Und wie verträgt es sich mit dem Umstand, dass Russland anbietet, Gas über eine intakt gebliebene Leitung der Linie zu liefern? Oder wollte es der Übernahme von Nord Stream 2 durch westliche Einheiten zuvorkommen? Das unterstellt kriegerische Absichten und Methoden des Westens, auf die Russland wahrscheinlich anders reagieren würde als durch Zerstörung eigener Transportkapazitäten seines wichtigsten Exportgutes.

4. DIE FOLGEN VON HOCHRÜSTUNG UND WIRTSCHAFTSKRIEG

Mittlerweile hat Seymour Hersh, der ›große alte Mann‹ des investigativen Journalismus – ohne ihn wären die US-Kriegsverbrechen in Vietnam (My Lai) wohl nie ans Licht gekommen –, aufgedeckt, dass der US-Geheimdienst CIA in Zusammenarbeit mit dem US-Außenamt und der norwegischen Regierung und auf Geheiß des US-Präsidenten die Kabel von Nord Stream 2 durchtrennt hat. Bei der Pressekonferenz, auf der Biden erklärte, im Falle einer Invasion Russlands in die Ukraine würden die USA Nord Stream 2 »stoppen«, stand Kanzler Scholz neben dem US-Präsidenten und erklärte seinerseits auf Nachfrage, die Alliierten würden jeden Schritt gemeinsam tun. (Hersh 2023)

Der Gedanke, es waren US-Spezialeinheiten, die das Sprengstoffattentat durchführten, lag von Anfang an näher, wurde aber weder von den Hauptmedien in USA noch von denen in Deutschland auch nur erörtert. Von Anfang an war die US-Regierung Sturm gegen das Nord-Stream-2-Projekt gelaufen, die Biden-Regierung ebenso rigoros wie Vorgänger Trump. In ihrer Nationalen Sicherheitsstrategie haben die USA im Oktober 2022 verkündet, dass sie Russland in die Knie zwingen (und China niederringen) würden. Das ist ein Grund, die Energieverbindungen zwischen Russland und Westeuropa im Wortsinn zu unterbrechen. Ein zweiter Grund ist, für das überschüssige und teure US-Fracking-Gas, in LNG (Flüssiggas) verwandelt, einen liquiden und bedürftigen Abnehmer zu haben. Den haben sie nun in Deutschland, das LNG-Terminals vor Brunsbüttel, Stade, Wilhelmshaven und Lubmin hochzieht und teilweise in Rekordzeit in Betrieb genommen hat. Moskau ging übrigens davon aus, dass der britische Geheimdienst hinter den Anschlägen in der Ostsee stecke – vielleicht im Zusammenspiel mit den Freunden jenseits des Atlantiks. Hersh hat nun präzisiert: die US-Regierung im Zusammenspiel mit den Kollegen in Norwegen, mit großer Sicherheit auch im Einverständnis, zumindest mit dem Wissen von Kanzler Scholz.

Doch sind die neuen deutschen Terminals keineswegs nur für Flüssiggas aus den USA gedacht, sondern zunächst auch für solches aus Katar. Doch nimmt auch dieses Gas gewissermaßen einen Umweg über die USA. Denn der Vertrag, über 15 Jahre bis zu 2 Millionen Tonnen Gas pro Jahr von Katar zum LNG-Terminal Brunsbüttel zu transportieren, wurde abgeschlossen mit Qatar Energy und dem US-Konzern ConocoPhillips. Wenn man schon fremde Tanker nehmen muss, da man keine eigenen hat, dann nimmt man welche vom engen Freund jenseits des Atlantiks und nicht etwa vom EU-Partner Griechenland, das über große Transportkapazitäten für Öl und Gas verfügt.

Der tiefe Bückling des grünen Wirtschaftsministers Habeck vor dem Emir von Katar hat sich, scheint es, ausgezahlt. Allerdings entsprechen die 2 Millionen Tonnen Flüssiggas 2,8 Milliarden Kubikmetern Gas. Die Pipeline Nord Stream 1 lieferte 2021 59,2 Milliarden Kubikmeter Gas nach Deutschland. (t-online, 29.11.2022) Die Katar-Gaslieferung macht also nicht einmal 5 % der bisher von Russland bezogenen Menge aus. Dafür war Habecks Bückling zu tief.

Für Deutschland und die EU insgesamt wird die Gasversorgung kurz-, mittel- und langfristig großen Risiken ausgesetzt sein. Nach Angaben der Internationalen Energieagentur (IEA) wird der Gaseinspeisungsbedarf in der EU und in Großbritannien im Sommer 2023 bei 68 Milliarden Kubikmetern liegen, in überdurchschnittlich kalten Wintern bei 80 bis 90 Milliarden. (Grunert 2022) Die bisherigen Pipeline-Importe der EU aus Russland in Höhe von 147 Milliarden Kubikmetern können laut IEA nur zu 25 % durch die beiden anderen Pipeline-Lieferanten Norwegen und Aserbaidschan – Nordafrika braucht seine Zuwächse für die Transformation der eigenen Region – kompensiert werden. Die EU, allen voran Deutschland, will die Lücke mit Flüssiggas füllen. Die IEA schätzt, dass das weltweite LNG-Gas 2023 nur um 20 Milliarden Kubikmeter zunehmen wird, was erheblich weniger ist als die 60 Milliarden Kubikmeter Gas, die im ersten Halbjahr 2022 noch per Pipeline aus Russland kamen. Hinzu kommt, dass China bei einem Anziehen seines Wirtschaftswachstums seine langfristigen Gaslieferverträge wieder wie 2021 in Anspruch nimmt und damit auch mehr als 85 % des erwarteten Anstiegs von LNG auf sich zieht. Die beiden großen LNG-Produzenten sind Katar und die USA, geringere Mengen kommen aus Norwegen, Australien, Kanada sowie mehreren Staaten in Afrika und dem Nahen Osten. Katar hat gerade ein gewaltiges Abkommen mit China über 27 Jahre geschlossen, für Deutschland und die EU – siehe den Vertrag mit ConocoPhillips – bleibt nur noch wenig. Mithin bleibt für die von Europa benötigte Menge nur ein großer Anbieter – die Vereinigten Staaten. Nach Schätzungen des Energiewirtschaftlichen Instituts an der Universität Köln kann der Anteil der USA an den Gesamtimporten der EU im Jahr 2030 auf rund 40 Prozent steigen, was dem russischen Anteil von 2021 entspräche. (ebd.) Die Abhängigkeit von Gaslieferungen aus Russland wird ersetzt durch die Abhängigkeit von solchen aus den USA. Eben, würde Deutschlands Außenministerin sagen, eine wertebasierte Abhängigkeit.

Nun auch noch Ölembargo
Seit Anfang Dezember 2022 gilt in den EU-Staaten ein Importverbot für Öl, nach dem 5. Februar 2023 auch für Ölprodukte aus Russland. Im Oktober 2022 haben die EU-Staaten noch rund 2,5 Millionen Barrel Erdöl und Erdölprodukte pro Tag aus Russland importiert. Die EU und die G7 haben Ende 2022 lange gestritten, ob es genüge, einen Preisdeckel von 60 US-Dollar für russisches Öl festzulegen. Der Deckel sollte gelten für Ölgeschäfte außerhalb der EU; sämtliche Transport- und Versicherungsunternehmen aus der EU wären gezwungen, Geschäften mit russischem Öl über 60 Dollar fernzubleiben. Die EU-Kommission und die USA wollten den Preisdeckel nicht unterhalb von 60 Dollar pro Barrel festsetzen, womit er etwa dem Preis entspräche, den Russland Ende 2022 auf dem Weltmarkt erzielte. Doch Polen und die baltischen Staaten drängten darauf, Russland empfindlicher zu treffen und verlangten einen Preis von 30 Dollar, der den Gestehungskosten Russlands gleichkäme. Russland, das einen Anteil von 12 % an der weltweiten Ölproduktion

hält, würde zu diesem Preis, so die Befürchtung in Brüssel und in Washington, überhaupt nichts mehr liefern. Sein Erdöl würde vom Weltmarkt verschwinden, und die Folge wäre eine Explosion der Ölpreise. Zudem würden Russland, China und Indien ihre Anstrengungen noch intensivieren, eigene Tanker- und Versicherungskapazitäten auszubauen. Reeder und Schiffsversicherer aus Europa und USA würden ihre bisherige Fast-Monopolstellung auf dem großen und lukrativen Markt schneller verlieren. Deshalb drangen die USA nachdrücklich auf den 60-Dollar-Preisdeckel. Und siehe da, die EU-Kommission setzte sich über Polen und Balten hinweg und beschloss die 60-Dollar-Grenze. Deutschland fehlt neben Gas auch Öl, Russland wird sein Öl leicht anderswo zu profitablen Bedingungen verkaufen. Das Webportal *German Foreign Policy* überschreibt am 2.12.2022 seine Analyse der Vorgänge treffend: »Ein Schuss in das eigene Knie«.

Deutschland auf dem Weg in die Rezession

Deutschland ist in einer kritischen wirtschaftlichen Lage nicht erst seit Corona und Ukraine-Krieg. Seit langem befindet sich das Land in der Stagnation. Auf die frühen Jahre des »Wirtschaftswunders« folgten Perioden immer schwächeren Wachstums. In den 1950er Jahren lag das durchschnittliche Wachstum bei 8,2 %. In den 60ern bei 4,4 %, in den 70ern bei 2,9 %, von 1980 bis 1991 bei 2,6 %. In den Jahrzehnten nach der Wiedervereinigung 1990 bei 1,6, 0,9 und 1,2 %. (destatis.de, Wirtschaftswachstum) 2021 erlebten die Deutschen – nach dem Corona-Einbruch 2020, als das Wirtschaftswachstum um 4,1 % zurückgegangen war – ein Plus von 2,6 %. Man hatte noch längst nicht wieder das Niveau von 2019 erreicht, und dennoch fiel das Land 2022 auf ein Nuller-Wachstum zurück. Und hatte nach dem 3. Quartal eine Rezession zu erwarten, ein längerfristiges Schrumpfen. Nur 2009, nach dem »Bankencrash«, war zuvor die BIP-Entwicklung in Deutschland zwei Quartale hintereinander negativ.

4. DIE FOLGEN VON HOCHRÜSTUNG UND WIRTSCHAFTSKRIEG

Jahr	Wachstum des Bruttoinlandsprodukts in %					
	Dtld.	USA	Japan	€-Zone	China	Indien
2021	2,6	5,9	1,6	5,3	8,1	6,7
2022	1,6	1,8	1,6	3,3	3,3	6,6
2023	0,3	0,5	1,8	0,5	4,0	5,7

Quellen: für die Daten zu Deutschland: destatis, 25.11.2022; übrige Daten: OECD Economic Outlook 112 database. Daten von Febr. 2023

Beim Vergleich der Daten Deutschlands mit denen seiner kapitalistischen Mitbewerber sowie mit China und Indien zeigt sich, dass der auf die Corona-Krise folgende Einbruch des Wirtschaftswachstums in Deutschland am heftigsten ausfällt. Das Land, das bisher den größten Nutzen aus seinen billigen Gaslieferungen aus Russland zog, hat nun durch die Sanktionen und die Abkopplung vom bisherigen Wirtschaftspartner Russland den größten Nachteil. China andererseits erlebt zwar durch die Corona-Pandemie einen vergleichbar großen Schaden, kann sich aber auch wegen seiner anhaltend guten Beziehungen zu Russland schneller wieder auf den stabilen Wachstumspfad zurückbringen. Indien, das versucht, mit dem »Westen« funktionierende Arbeitsbeziehungen zu entwickeln, und sich aber andererseits konstant weigert, bei den UN-Abstimmungen gegen Russland zu votieren oder gar bei den Sanktionen mitzuziehen, deshalb weiter und vermehrt billiges »Russengas« bezieht, konnte bei seinem konstant starken Wachstum bleiben. Die USA und die Euro-Partner Deutschlands werden zwar durch die Aufeinanderfolge der Krisen hart getroffen, schneiden aber besser ab als dieses. Im Sanktionskrieg ist Deutschland, neben Russland, der Verlierer Nr. 1. So sehen das auch die deutschen Unternehmer. Die Lage schätzen sie als schlecht ein, das Klima, ihre Stimmung ist noch schlechter, aber verheerend, so schlecht wie in der aufbrandenden Corona-Epidemie, sind ihre Erwartungen im November 2022. (ifo-Konjunkturperspektiven 11/2022, S. 2) Danach hellt sich ihr Gemüt etwas auf, es bleibt aber verdunkelt von der großen Ungewissheit, wie sich die geopolitische Lage entwickeln wird.

Inflationsrate in Deutschland (Verbraucherpreise)			
Gas	Strom	Lebensmittel	Super-Benzin
+216 %	+43 %	+20,3 %	+24 %

Quellen: destatis, verivox, cheapenergy, statista,
Daten von Anfang Dezember 2022

Die Folgen für die Menschen: Preise explodieren, Realeinkommen und Lebensstandard sinken. Jetzt schon schlimm sind die Folgen von Krieg und Sanktionen für einen Großteil der Bevölkerung in Deutschland.

Dagegen bleiben die Zunahmen der »Arbeitnehmereinkünfte« auf groteske Art zurück. Ein Beispiel dafür liefert der Tarifabschluss der Metall- und Elektroindustrie Baden-Württemberg, der als Zielvorgabe auf der Beschäftigtenseite gilt. Die IG Metall versucht, den Abschluss 2022 als »ein Paket aus dauerhaften Entgeltsteigerungen um insgesamt 8,5 Prozent sowie Inflationsausgleichsprämien von 3.000 Euro in zwei Stufen« zu verkaufen. (IG Metall, Presseerklärung, 25.11.2022) In Wahrheit werden die Entgelte im Juni 2023 um 5,2 % erhöht, die erste Stufe einer sogenannten Investitionsausgleichsprämie von 1.500 Euro war im Januar 2023 fällig. Die zweite Stufe, wieder 1.500 Euro, soll es im Januar 2024 geben, im Juni 2024 eine weitere Entgelterhöhung um 3,3 %. De facto handelt es sich also um eine erhebliche Minderung der Realeinkommen. Für 2023 wird auch von der Bundesbank eine jährliche Inflation von 7 % angenommen, wobei die Mittel für die reale Lebensführung, wie oben zu sehen, erheblich teurer ausfallen. Ganz davon abgesehen, dass ein Inflationsausgleich für 2022 fällig gewesen wäre, denn eine Inflation über 10 % war beim letzten Tarifabschluss (über 3,2 %) offenbar nicht vorhergesehen. Um den Verlust von 2022 auszugleichen, reichen die 1.500 Euro Prämie im Januar 2023 bei weitem nicht aus. Und die Inflation 2023 wird zu einem realen Einkommensverlust des/der durchschnittlichen Metallbeschäftigten von monatlich über 74 Euro führen (durchschnittlicher Facharbeiterlohn: 4.100 Euro brutto; realer Einkommensverlust: 7 % Inflationsrate minus 5,2 % Entgelterhöhung = 1,8 % von 4.100 = 73,80. (destatis.de, Verdienste nach Branchen und Berufen) Der Tarifabschluss in der am straffsten organisierten Gewerkschaft in einer Branche mit Rekordgewinnen führt also bei den Facharbeitern zu einem spürbaren Realeinkommensverlust. Teilzeitbeschäftigten werden auch solche unzureichenden Zuschläge bestritten. Mindestlöhner und Solo-Selbstständige unterliegen ohnehin »dem Markt« oder den Zugeständnissen einer Regierung, die sich in der »Zeitenwende« auf Hochrüstung konzentriert. Das haben besonders die Armen im Land auszubaden, die 16 % der Bevölkerung ausmachen, über 13 Millionen Menschen.

Ein Fünftel der Bevölkerung hat Nettoeinkommen unter 1.400 € im Monat, ein Viertel der Rentner unter 1.000 Euro
Deutschland ist ein reiches Land, heißt es. Gemessen an der Kaufkraft weist es das fünftgrößte Bruttoinlandsprodukt der Welt auf (hinter China, den USA, Indien und Japan). Beim Pro-Kopf-Einkommen steht es sogar auf Platz 2 der größten Wirtschaftsnationen (hinter den USA). In Wahrheit gibt es in Deutschland viele Arme und viele Menschen, die mit ihrem Einkommen gerade so auskommen und für die eine Erhöhung der Preise für Nahrungsmittel um 20 % und der Energiepreise um über 40 % eine erhebliche Reduzierung ihres Lebensstandards bedeutet.

Eine erste Annäherung an die enorme soziale Ungleichheit Deutschlands liefert die Vermögensverteilung. Während die unteren 40 % der Bevölkerung insgesamt verschuldet sind, kommen auf die obersten 10 % über 56 % des Gesamtvermögens. Der Median-, also der Deutsche gerade in der Mitte, hat ein Vermögen von 21.500 Euro, ein Mitglied des obersten 1 % über 1.071.000 Euro, einer des untersten Prozent hat Schulden von rund 23.000 Euro. (destatis 2021, S. 246 f) Die Klasse der Millionäre hat also rund 20-mal so viel wie der mittlere Deutsche – gegenüber den Armen am anderen Ende der Vermögensskala lässt sich erst gar kein Vielfaches berechnen, da diese Schulden aufweisen. Es ist klar, dass die unteren und mittleren Schichten von Deutschen von den abrupten hohen Preissprüngen fundamental unterschiedlich getroffen werden. Im Oktober 2022 veröffentlichte das Statistische Bundesamt eine Übersicht über die Einkommen 2021, also noch vor dem Beginn des Ukraine-Kriegs und vor der heftigen Inflationsentwicklung. Danach hatte ein Fünftel der Bevölkerung – knapp 17 Millionen Menschen – ein Nettoeinkommen unter 16.300 Euro im Jahr. (Es wurde das Nettoäquivalenzeinkommen gemessen, das heißt, das um die Einspareffekte in Mehrpersonenhaushalten bereinigte Pro-Kopf-Einkommen). Zwei Fünftel (40 %) der Bevölkerung hatten ein Jahreseinkommen von unter 22.000 Euro. (destatis.de, 5.10.2022)

»Zu den 40 % der Bevölkerung mit den geringsten Einkommen zählen überdurchschnittlich oft Personen aus Alleinerziehendenhaushalten. Fast zwei Drittel (64,4 %) von ihnen verfügten 2021 über ein Nettoäquivalenzeinkommen von weniger als 22.000 Euro im Jahr, bei gut einem Drittel (33,2 %) betrug es weniger als 16.300 Euro.« (ebd.) Ähnliches trifft zu auf Personen aus Haushalten mit zwei Erwachsenen und drei oder mehr Kindern – 57 % dieser Personen hatten ein Nettoeinkommen von weniger als 22.000 Euro im Jahr. Für Personen in Haushalten mit zwei Erwachsenen und zwei Kindern bzw. einem Kind traf das immer noch auf 36,0 % bzw. 29,7 % zu. Ein Kind ist stets eine Wohlstandsbremse, mit wachsender Zahl schlägt die Kinderschar umso heftiger negativ zu Buche.

Bei den abhängig Erwerbstätigen (rund 35 Millionen) gehört die knappe Hälfte zu den beiden untersten Einkommensgruppen, über 10 % zählen zur alleruntersten Gruppe. Doch beziehen 27 % der abhängig Beschäftigten pro Person ein Einkommen von über 38.000 Euro jährlich, ein kinderloses Paar also 76.000. Diese Gruppe kann die höheren Preise eher wegstecken, während ein Drittel der Bevölkerung ungeplante Ausgaben nicht bestreiten kann. Ihr Einkommen benötigten sie schon vor der Inflation für die Führung ihrer täglichen Lebenshaltung. Das gilt noch mehr für die Bezieherinnen und Bezieher von Renten. Von den 17,6 Millionen Menschen »im Ruhestand« haben 4,9 Millionen ein Nettoeinkommen von unter

4. DIE FOLGEN VON HOCHRÜSTUNG UND WIRTSCHAFTSKRIEG

Inflationsrate und Verbraucherpreise (Januar 2023)		
Inflationsrate gesamt	Energie	Nahrungsmittel
+10,0 %	+23,1 %	+20,2 %

Quelle: destatis.de, Verbraucherpreisindex und Inflationsrate

Ausgewählte Verbraucherpreise (Oktober 2022)	
Ware/Wirtschaftsgut	Veränderung zu Vormonat
Brennholz, Holzpellets	108,0 %
Sonnenblumen	80,8 %
Erdgas, inklusive Betriebskosten	79,6 %
Heizöl, inklusive Betriebskosten	77,8 %
Butter	55,3 %
Zucker	42,6 %
Autogas	41,4 %
Margarine, Pflanzenfett	39,8 %
Dieselkraftstoff	37,7 %
Fernwärme	35,6 %
Teilentrahmte Milch	34,5 %
Mehl, Getreideerzeugnisse	33,5 %
Sahne, Buttermilch	34,1 %

Quelle: destatis.de, 29.11.2022

1.000 Euro/Monat. (destatis.de, 29.9.2022) Insgesamt haben 16 % der Bevölkerung als arm zu gelten: rund 13,5 Millionen Menschen (als arm eingestuft wird, wer weniger als 60 % des Durchschnittseinkommens bezieht). Die Explosion der Preise infolge von Corona, Krieg und Wirtschaftskrieg bereitet vor allem ihnen existentielle Probleme und Ängste.

Die Mittel für die notwendige tägliche Lebensführung wurden am meisten verteuert: Holzpellets, Erdgas, Heizöl, Butter, Zucker, Margarine, Milch, Mehl, Brot. Auf diese Güter kann man nicht verzichten, will man weiterleben. Wohnen und Energie sind mit 36,8 % der größte Posten der Konsumausgaben privater Haushalte, gefolgt von Nahrungsmitteln mit 15,4 %. (destatis.de, 2.12.2022) Die gesamte Konsumquote ist bei niedrigen Einkommensgruppen weit höher und nimmt mit steigendem Einkommen ab. In einer Analyse des Zusammenhangs von Einkommen und Konsum zu Zeiten niedriger Inflationsraten (2014: 0,8 %), die das Statistische Bundesamt veröffentlichte, stellt Benjamin Held fest, dass das niedrigste Einkommensdezil (10 %) eine Konsumquote von 110 % hat – sich also um 10 % ihres Monatseinkommens ständig mehr verschulden muss –, während das oberste Dezil, die einkommensstärksten 10 %, nur 57 % ihres Einkommens für ihren in der Regel absolut luxuriösen Konsum ausgeben. (Held 2014) Nun findet die hochrasende Inflation (Prognose 2023: 8 %) vor allem bei Gütern des täglichen Bedarfs, die alle benötigen, statt. Ohne Energie, ohne Wärme, ohne Licht kommt niemand aus, auch nicht ohne Butter, Brot und Milch. Auf die teurer gewordenen Güter können auch Personen mit niedrigerem Einkommen nicht verzichten. Sie müssen einen Teil ihres übrigen Lebensstandards aufgeben. Inflation macht sie erheblich ärmer. Die gesamten »privaten Konsumausgaben«, die im ersten Quartal 2022 im Nachholen der durch Corona gebremsten Käufe um 8,4 % gestiegen waren, fielen im 3. Quartal auf nur noch 2,0 % Zuwachs. (destatis.de, 25.11.2022)

Dass das BIP-Wachstum in den drei ersten Quartalen 2022 von 3,9 über 1,7 auf 1,2 % zurückging, hat seinen wesentlichen Grund im Rückgang der Konsumquote, in der Tatsache, dass die Menschen ärmer wurden und sich um ihre Zukunft sorgten.

Laut platzt die Lüge der Lohn-Preis-Spirale
Seit Generationen mahnen Regierungen und Hauptmedien und natürlich die Unternehmer, die Lohnforderungen nur ja bescheiden zu halten, sonst stünden Preiserhöhungen ins Haus. Ihre Argumentation beinhaltet zwei Aspekte: Einmal entstünden zusätzliche Kosten für die Unternehmen, die natürlich an die Verbraucher weitergegeben werden müssten: Preiserhöhungen! Zum anderen würden die höheren Löhne zunächst auf ein weitgehend konstantes

4. DIE FOLGEN VON HOCHRÜSTUNG UND WIRTSCHAFTSKRIEG

Warenangebot treffen, die Nachfrage wäre höher als das Angebot, also leider – Marktgesetz – Preiserhöhungen, Inflation. Wenn man die Grundposition gelten lassen würde, dass der Beschäftigte nicht mehr an Lohnzuwachs erhalten sollte, als er an Zuwachs der produzierten Werte zustande bringt, dann müsste er bei einem Ansteigen der Arbeitsproduktivität von 3 % und einer Inflationsrate von 10 % einen Entgeltzuwachs von 13 % erhalten, um proportional wie bisher am Volkseinkommen beteiligt zu werden; 10 % alleine, um keinen realen Einkommensverlust zu erleiden. In Wahrheit aber lag 2022 die Steigerung der Verbraucherpreise stets markant über der der Löhne. Die folgende Tabelle zeigt den Zusammenhang von Nominallöhnen und Verbraucherpreisen der vergangenen Jahre.

Die Nominallöhne lagen seit Mitte der Nullerjahre lange Zeit bei zwei bis drei Prozent über dem Preisindex, der seinerseits bis 2021 das von der Zentralbank angestrebte Ziel von 2 % seit 2014 noch unterschreitet. Die Löhne treiben nie die Preise, 2015 liegt die Preis-

Reallöhne, Nominallöhne, Verbraucherpreise			
Quartal	Reallohn	Nominallohn	Verbraucherpreise
III/2019	1,9	3,4	1,5
IV/2019	0,7	2,0	1,2
I/2020	0,4	2,1	1,6
II/2020	-4,7	-4,0	0,8
III/2020	-1,3	-1,3	-0,1
IV/2020	0,4	0,1	-0,2
I/2021	-2,0	-0,6	1,3
II/2021	3,0	5,5	2,4
III/2021	0,0	3,9	3,9
IV/2021	-1,4	3,6	5,0
I/2022	-1,8	4,0	5,8
II/2022	-4,4	2,9	7,6
III/2022	-5,7	2,3	8,4

Quelle: destatis.de, 29.11.2022

erhöhung bei null Prozent, die Nominal- also auch die Reallöhne bei 3 %, es bleibt in der Folge bei niedrigen Inflationsraten. Erst 2020 ändert sich das Bild. Die Nominallöhne stürzen im »Corona-Schock« wegen Kurzarbeitergeld u. a. ab, und da die Inflationsrate nahe Null treibt, handelt es sich um reale Verluste in fast derselben Höhe. Dann aber steigt die Inflationsrate in Höhen, die man im wiedervereinigten Deutschland noch nie gesehen hat, während der Nominallohnindex wieder sinkt. Für das dritte Quartal 2022 meldet das Statistische Bundesamt einen Reallohnrückgang von 5,7 %. Der Verbraucherpreisindex liegt 2022 um 22,2 % über dem von 2015.

Es sind nicht die Löhne, die die Preise treiben. Vielmehr kommen die Löhne nicht mehr hinter den von den Unternehmen hochgetriebenen Preisen her.

DAX-Konzerne 2022: Profite wie noch nie

Schon 2021, als schon größeren Teilen der Beschäftigten Kurzarbeitergeldgezahlt wurde, hatten die DAX-Konzerne eine Explosion ihrer Profite erlebt. An der Spitze standen die Automobilkonzerne. Mercedes-Benz, Volkswagen und BMW verschafften im Krisenjahr 2021 ihren Eigentümern Profite von zusammen über 50 Milliarden = 50.000 Millionen Euro. Auch Porsche, der Luxuslieferant, schaffte als Zehnter in der DAX-Profitrangliste 4,6 Milliarden Profit, mit nur rund 32.000 Beschäftigten. Macht 14.800 Euro Profit pro Beschäftigtem. Die Deutsche Post landet auf Platz acht, sie macht mit 590.000 Beschäftigten rund 5,1 Milliarden Euro Profit. Die Post hat 18-mal mehr Beschäftigte, aber der Profit ist nur 0,1-mal höher als der von Porsche. (GeVestor.de, 10.8.2022) Luxusprodukte zahlen sich aus.

Aber das war noch gar nichts, schaut man sich die Profite 2022 an, dem Jahr, da Corona- und Kriegskrise zusammenfanden. Das *Manager-Magazin* meldet am 12.11.2022: »DAX-Konzerne erzielen in der Krise Rekordgewinne.« Im dritten Quartal haben die 40 DAX-Konzerne ihren Profit um 28 % auf 45 Milliarden Euro erhöht. Angeführt wird die Profitparade von der Deutschen Telekom, vor dem Versicherer Allianz und den Autobauern. BASF und Bayer rücken

4. DIE FOLGEN VON HOCHRÜSTUNG UND WIRTSCHAFTSKRIEG

ins vorderste Feld vor. Der Umsatz der DAX-Konzerne stieg zwar nur um 9%, aber der Profit um mehr als das Dreifache. Das liegt vor allem daran, dass die Unternehmen nicht einfach ihre gestiegenen Kosten weiterreichen, sondern ein Vielfaches dieser Steigerungen. Die Umsatzzuwächse fanden vor allem in Asien (plus 14%) und in Nordamerika (plus 13%) statt. In Europa lagen die Umsätze knapp unter dem Vorjahresniveau. Deutschlands Absatzmärkte liegen mehr denn je im Ausland.

Wieso können Konzerne Profitrekorde einfahren, während die meisten Menschen Realeinkommensverluste hinnehmen müssen? Ein Grund liegt offenbar darin, dass der Umsatz mehr und mehr im Ausland erzielt wird. Deutschland zapft die Einkommen anderer Länder an, um seine Produkte abzusetzen. Durch die Verlagerung größerer Produktanteile auf Vorleistungen des Auslands können die Konzerne ihre Kosten senken, was kleineren Unternehmen oder gar Solo-Selbstständigen nicht möglich ist. Siemens hat Produktionsstätten in über 100 Ländern und kann dort produzieren, wo die Qualität der Arbeit international genügend und das Lohnniveau relativ gering ist. Die Globalisierung ist für die Multis vor allem eine bedeutende Profitmaschine.

Kapitel 5

Drei »Entlastungspakete« und ein »Doppelwumms«: Wer mehr verdient, hat mehr davon

Im Dezember 2022 meldet die deutsche Regierung: »Wir entlasten Deutschland.« Fast 300 Milliarden Euro hätte sie aufgeboten und damit »Bürgerinnen und Bürger in dieser Zeit unterstützt, Energiekosten gedämpft und Arbeitsplätze gesichert«. (Bundesregierung 2022) Tatsächlich hat sie 2022 drei »Entlastungspakete« mit mindestens dreißig über mitunter drei Finanzjahre ausgabewirksamen Maßnahmen in Höhe von 191 Milliarden Euro und einen »Abwehrschirm« im Umfang von 200 Milliarden Euro beschlossen, von Kanzler Scholz betont emphatisch als »Doppelwumms« angepriesen. Dass die Regierung die Summe von 300 Milliarden Euro nennt, mag daran liegen, dass einzelne Maßnahmen sowohl bei den Paketen gezählt als auch von Scholz dem Doppelwumms zugeschlagen werden. Auch ist zu bedenken, dass sich viele der Maßnahmen über drei Jahre – von 2022 bis 2024 – erstrecken.

Von den Paketen verschlingen die meisten öffentlichen Mittel »der Abbau der kalten Progression« mit 12 Milliarden Euro 2023 und 27 Milliarden Euro 2024 und die »Energiepreispauschale« mit über 10 Milliarden Euro (2022). (Lay/Peichl 2022, S. 4; in den Zahlen sind die Sprünge der galoppierenden Inflation noch nicht berücksichtigt. Die Nominalwerte werden entsprechend höher ausfallen) Den beiden Schwergewichtsmaßnahmen eignen Qualitäten, die oft in den Paketen wiederkehren: Zum einen sind die

Maßnahmen nicht wirklich der Krise entsprungen, sondern zählen zu den periodisch wiederkehrenden Aufgaben der Regierung; zum anderen erstrecken sich Erleichterungen in der Regel proportional auf Einkommen oder Abgabenlast der Berechtigten, sodass man umso mehr davon hat, je reicher man ist (5 % von 20 sind 1,0 – 5 % von 100 sind 5). Insgesamt hat die EU für den gegen Russland angezettelten Wirtschaftskrieg bis Januar 2023 eine Billion Euro aufgebracht, davon entfallen 440 Milliarden Euro auf Deutschland; der geringste Teil, wie gesehen, für die Bevölkerung, der größte Teil für Unternehmen und reiche Haushalte. (lostineu.eu, 5.1.2023)

Ein Beispiel dafür ist die »kalte Progression«, die mit dem Inflationsausgleichsgesetz abgeschafft werden sollte. Für die Geringverdiener verdient das Gesetz seinen Namen nicht. Es soll die Steuer abschaffen, die auf den bloß nominalen Teil der Einkommenszuwächse – die Folge der Inflation – zugreift. Laut Finanzministerium (BMF) soll das Gesetz u. a. das Existenzminimum der Steuerpflichtigen steuerlich freistellen. Dieser Grundfreibetrag beläuft sich 2022 auf 9.984 Euro. Er wird um 3,6 % erhöht. Die Inflationsrate 2022 beträgt rund 8 %. Für 2023 ist eine Erhöhung um 2,8 % beschlossen, die Prognosen für die Inflation bewegen sich zwischen 7 und 8 %. 2024 wird der Grundfreibetrag wieder um 2,8 % erhöht. Selbst optimistische Vorhersagen der Entwicklung des Geldwerts liegen einiges darüber. Die Tarifeckwerte bis zum Spitzensteuersatz ab 61.972 Euro bis 277.826 Euro werden 2023 um 5,8 % und 2024 um 2,8 % »nach rechts oben« verschoben, also erhöht. Das bedeutet zwar immer noch nicht, dass, wie vom Bundesfinanzministerium behauptet, »der Effekt der kalten Progression ausgeglichen« wird. Der Ausgleich hoher Einkommen liegt aber auch prozentual weit über dem des Grundfreibetrags. Das BMF weiter: Damit »besonders hohe Einkommen nicht stärker profitieren als die arbeitende Mitte«, wird das Einkommen ab 277.826 Euro keinen Inflationsausgleich erhalten. Die »arbeitende Mitte« versteht sich nach Finanzminister Lindner mithin bis zu Beziehern von Monatseinkommen von fast 25.000 Euro. Und wer noch mehr verdient, darf von dem Inflationsausgleich nicht mehr profitieren als diese »Mitte« und muss den Rest eines Hunderttausende-Einkommens mit 45 % auf das Nominaleinkommen versteuern. Die Art soziale Marktwirtschaft, wie sie einem FDP-Finanzminister zusagt.

Drei Entlastungspakete über 191 Milliarden Euro
Das erste Entlastungspaket wird von der Bundesregierung am 23.2.2022 vorgestellt, einen Tag vor der russischen Invasion in die Ukraine. Die Energiepreise sind bereits deutlich gestiegen. Anhaltende Lieferengpässe und die Folgen der Corona-Pandemie drücken auf die Konjunktur. Die Regierung reagiert mit drei steuerlichen Maßnahmen – der Grundfreibetrag der Einkommensteuer, die Werbungskosten- und die Pendlerpauschale werden angehoben. Die Abschaffung der EEG-Umlage wird vorgezogen. Wohngeld- und BAföG-Empfänger erhalten einen Heizkostenzuschuss. Laut Regierung werden die Bürger um 12 Milliarden Euro entlastet.

Im März 2022 wird das zweite Maßnahmenpaket erlassen. Die zentrale Herausforderung wird jetzt in den im Zuge des Ukraine-Krieges und der Sanktionen enorm gestiegenen Energiepreisen gesehen. Es dominieren Einmalzahlungen und zeitweilige Maßnahmen. Ein Schwerpunkt ist die einmalige steuerpflichtige Energiepauschale in Höhe von 300 Euro für jeden Erwerbstätigen. Je Kind wird eine pauschale Zahlung von 100 Euro beschlossen. Die Energiesteuer wird für drei Monate gesenkt, sodass sich Benzin um 30 Cent und Diesel um 14 Cent pro Liter verbilligt. Von Juni bis August gilt das auf drei Monate befristete 9-Euro-Ticket für den Öffentlichen Nahverkehr. Das Gesamtvolumen beläuft sich diesmal auf 18 Milliarden Euro.

Das dritte Paket startet im September 2022. Es ist bei weitem das umfangreichste. Zunächst wird von der Regierung ein Volumen von 65 Milliarden Euro angegeben; der weitaus größte Posten entfällt auf die Abschaffung der kalten Progression. Es werden auch Posten aufgeführt, die schon im Koalitionsvertrag standen, wie das Bürgergeld und die Wohngeldreform. Die Midijob-Grenze wird von 1.300 auf 2.000 Euro angehoben, die Mehrwertsteuer auf Gas von 19 auf

7 % gesenkt. Über ein Nachfolgeticket für das 9-Euro-Ticket wird der Bund mit den Ländern verhandeln, was im Dezember 2022 zu einem 49-Euro-Ticket führt, das ab Mai 2023 im Öffentlichen Nahverkehr gelten soll. Die Regelungen zum Kurzarbeitergeld werden ebenso verlängert wie der Spitzenausgleich bei den 9.000 energieintensivsten Unternehmen. Es werden Preisbremsen für Gas und Strom angekündigt. Eine Kommission wird ausrechnen, dass sich die Kosten für den Staat auf 96 Milliarden Euro belaufen. Womit die drei Entlastungspakete zusammen auf 191 Milliarden Euro kommen. Sie überschneiden sich zum Teil mit dem Doppelwumms, was die von der Regierung angegebenen 300 Milliarden Gesamtaufwand für plausibel erscheinen lassen.

Grundproblem: Zu wenig für die, die es am meisten brauchen
Jan Schnellenbach stellt in seiner Einschätzung der Entlastungspakete fest, dass »der Staat hohe Summen für die Stützung von Einkommen in der Breite auf(wendet). Deutlich weniger wird für Maßnahmen ausgegeben, die gezielt die Unterstützung von Transferempfängern und Haushalten mit niedrigem Einkommen leisten sollen.« (Schnellenbach 2022, S. 10) Unter »Einkommen in der Breite« ist zu verstehen, dass mit Entlastungen entweder pauschal, also unterschiedslos, oder proportional zum Einkommen unterstützt wird. Beides führt zu Nachteilen für die Bezieher niedriger Einkommen. Nehmen wir das Beispiel der Gaspreisbremse. Für Gasbezieher mit weniger als 1,5 Millionen Kilowattstunden (private Haushalte sowie kleine und mittlere Unternehmen) gilt für ein Kontingent von 80 % des im September 2022 prognostizierten Jahresverbrauchs der gedeckelte Preis von 12 Cent pro Kilowattstunde (für Fernwärme 9,5 Cent je Kilowattstunde). Für den restlichen Verbrauch muss der normale Marktpreis gezahlt werden. Ein durchschnittlicher 4-Personen-Haushalt verbraucht bis zu 20.000 Kilowattstunden im Jahr. Selbst ein Großvillen-Besitzer bleibt mit seinem Verbrauch noch weit unter den 1,5 Millionen KWh, kommt also in den Genuss des billigen Preises, wie er auch für den Mindestlohn-Bezieher gilt. Wenn

in einer Demokratie Gleichheit in Steuer- und Einkommensfragen bedeutet, dass Ungleiches ungleich zu behandeln ist, und zwar zugunsten der geringeren Einkommen und Vermögen, dann ist solche Gleichmacherei zugunsten der Reichen absurd. Das gilt ebenso für die Strompreisbremse wie für den Energierabatt für Haushalte und Unternehmen im Dezember 2022, als der Staat die Gas- und Fernwärmekosten von Haushalten und Unternehmen übernahm.

Dass so viele Maßnahmen pauschal oder proportional zugeteilt werden, wird oft damit begründet, dass der Staat nicht die notwendigen Informationen habe, um zielgenau die Haushalte in den unteren Einkommensschichten mit spezifischen Zuteilungen zu erfassen. Dies ist wenig stichhaltig. Die unteren Einkommensbezieher sind über die Lohnsteuer von den Finanzämtern erfasst. Die Bezieher von Sozialtransfers sind dem staatlichen Absender ebenfalls bekannt. Wer außerhalb dieser Bereiche Not leidet, könnte vom Staat dadurch erfasst werden, dass Zahlungen nur auf Antrag erfolgen. (ebd.) Es gibt keinen administrativen Grund, der es rechtfertigt, dass Entlastungen nicht zielgenau bei den bedürftigen Gruppen ankommen.

Hartz IV heißt nun Bürgergeld

Wie eine Gesellschaft mit den Erwerbsfähigen umgeht, die vergebens eine Arbeitsstelle suchen, langfristig arbeitslos bleiben und deshalb Arbeitslosengeld II beziehen, wie Deutschland mit diesen Hartz-IV-lern umgeht, ist ein Gradmesser für die soziale Qualität des Landes. Über 3,8 Millionen Menschen beziehen dieses Arbeitslosengeld II, »erwerbsfähige Leistungsberechtigte«. (Arbeitsagentur, November 2022) Die neoliberale Denkart sieht in Menschen, die arbeiten können, trotzdem arm sind, die eigentlichen Schuldigen für ihr Schicksal. Hätten sie sich eingebracht, sich angestrengt, würde es ihnen besser gehen. Diesem Muster entsprechen die Hartz-IV-Gesetze, die im Herbst 2003 von der rot-grünen Regierung mit dem Slogan »Fördern und Fordern« beschlossen und wurden und nicht zuletzt derentwegen sie die Bundestagswahlen 2005 verlor.

5. DREI »ENTLASTUNGSPAKETE« UND EIN »DOPPELWUMMS«

Das Bundesverfassungsgericht hat im Februar 2010 ein Urteil zum »menschenwürdigen Existenzminimum« gefällt, das Hartz IV de facto für verfassungswidrig erklärt. Verlangt werden in dem Urteil für einen Menschen die materiellen Voraussetzungen, »die für ein Mindestmaß an Teilhabe am gesellschaftlichen, kulturellen und politischen Leben unerlässlich sind«. (Süddeutsche Zeitung, 29.11.2022) Schon die Regelsätze für das Arbeitslosengeld II – so die amtliche Bezeichnung für Hartz IV – bis 2020 erfüllten diese Bedingung nicht, schon gar nicht kamen sie ihr in den Jahren der zunehmenden Kostenerhöhungen 2021 und 2022 nach. Bei einer Anhörung im Bundestag im Februar 2021 rechneten Sachverständige vor, dass eine Erhöhung von 100 Euro notwendig sei, um den bisherigen Lebensstandard von 449 Euro pro Monat zu halten. Doch die Regierung gewährte nur Einmalzahlungen von 150 Euro für 2021 und 200 Euro im Jahr darauf. »Wenn man eines Tages zurückblicken wird auf diese Phase«, schreibt Ronen Steinke, »dann wird man auch zur ›Menschenwürde‹ einen betrüblichen Befund daraus mitnehmen müssen. Unter allen 68 Sozialgerichten und 14 Landessozialgerichten hat in dieser Zeit nur ein einziges – das Sozialgericht Karlsruhe – kurzzeitig Zweifel angemeldet, ob nicht ein Hartz-IV-Regelsatz, der trotz galoppierender Corona-Kosten starr bleibt, das feierliche Versprechen aus Artikel 1 des Grundgesetzes missachtet.« (ebd.) Wenn das »menschenwürdige Existenzminimum« ein einklagbares Grundrecht ist, warum – fragt der SZ-Autor Ronen Steinke – hat dann kein Richter diese Frage dem Bundesverfassungsgericht vorgelegt.

Dass man den Anspruch auf ein soziales Grundrecht weder der Justiz noch gar den Politikern überlassen kann, beweist dann Arbeitsminister Hubertus Heil bei der Begründung des »Bürgergelds«, das ab dem 1.1.2023 an die Stelle von Hartz IV tritt. Heil, der als Bundestagsabgeordneter die Hartz-IV-Reform der Regierung Schröder-Fischer vehement unterstützt hat, gibt als Begründung für die Reform »eine ganz andere Lage am Arbeitsmarkt« an, »wir haben deutlich weniger Arbeitslose, dafür einen chronischen

Mangel an Arbeits- und Fachkräften, sodass wir andere Instrumente benötigen« (Süddeutsche Zeitung, Interview am 28.11.2022). Die rot-grün-gelbe Koalition setze auf »Kooperation, Ermutigung und Qualifikation statt auf Generalverdacht«. Begründet wird das damit, dass der bisherige Vermittlungsvorrang (die bevorzugte Vermittlung in Erwerbstätigkeit) abgeschafft werde, stattdessen der Erwerb eines Berufsabschlusses im Vordergrund stehe. (BMAS, 2.12.2022)

Das erste Argument lautet also, dass Arbeitslosigkeit und die mit ihr verbundene Verarmung heute keine so dominante Rolle spielen wie 2003, als 5 Millionen Arbeitslose gemeldet waren. Tatsächlich sind im November 2022 über 4,4 Millionen Bezieher von Arbeitslosengeld I und II gemeldet. (Arbeitsagentur, November 2022) Dazu zählen mindestens zwei Millionen Partner und Kinder. Sechs Millionen Menschen zählen nach Angaben des Bundesministeriums für Arbeit und Soziales zu Mindestlohnbeziehern. (BMAS, 2.12.2022) Nimmt man die »Unterbeschäftigten« (3,3 Millionen) dazu, übersteigt dies schon die Zahl der »Armutsgefährdeten« von 13,4 Millionen (als armutsgefährdet gilt, wer weniger als 60 % des durchschnittlichen Einkommens bezieht).

Deutschland hat, neben der vom Absinken bedrohten Mittelschicht, einen mächtigen Sockel von Armut. Dass die Regelbeträge der ALG-II-Bezieher jetzt, nachdem die Geldentwertung für absolut unverzichtbare Produkte (Energie, Nahrungsmittel, Kleidung, Schuhe) um weit über 20 % gestiegen ist, um höchstens 53 Euro – 11,2 % – erhöht werden, deckt nicht mal die schon erlittenen Inflationsverluste, umso weniger die mit Sicherheit in den kommenden Jahren zu erwartenden. Der Paritätische Wohlfahrtsverband hat eine Gegenrechnung zu den von der Regierung ermittelten Regelbedarfen aufgestellt, die eine Erhöhung auf 725 Euro statt der von Regierung und Parlament beschlossenen auf 502 Euro fordert. (Der Paritätische 2022)

Der vom Paritätischen Wohlfahrtsverband errechnete Bedarf liegt um 44 % über dem von der Regierung beschlossenen und ist seinerseits von äußerster Bescheidenheit. Die große Mehrheit von

5. DREI »ENTLASTUNGSPAKETE« UND EIN »DOPPELWUMMS«

Regelbedarfe 2023 Der Paritätische vs. Bundesregierung in €		
Waren, Güter, Dienstleistungen	Der Paritätische	Bundesregierung
Nahrungsmittel, alkoholfr. Getränke	181,60	174,25
Alkoholische Getränke, Tabak	24,91	0,00
Bekleidung, Schuhe	47,01	41,67
Wohnen, Energie, Instandhaltung	2,17	42,57
Innenausstattung, Haushaltsgeräte und Gegenstände	34,56	30,59
Gesundheitspflege	34,89	19,17
Verkehr	102,66	45,04
Nachrichtenübermittlung	47,57	44,90
Freizeit, Unterhaltung, Kultur	100,09	49,00
Bildungswesen	8,13	1,81
Berherbungs- / Gaststättendienstl.	59,27	13,12
Andere Waren und Dienste	49,92	40,01
Mitgliedsbeiträge	6,07	0,00
Geldspenden	1,95	0,00
Gerichtskosten	0,58	0,00
Versicherungen (Haftpflicht, Hausrat)	23,96	0,00
Auszuzahlender Betrag	**725,00**	**502,00**

Quelle: Der Paritätische 2022

Regierungsparteien und CDU beschließt 174,25 Euro im Monat für Nahrungsmittel. Das macht 5,88 Euro pro Tag. Für Frühstück, Mittag- und Abendessen. Damit ist kein Erwachsener und kein Jugendlicher hinreichend zu ernähren. Mit den 25 Cent mehr, die der Paritätische pro Tag vorgesehen hat, wäre es auch nicht getan. Dafür gesteht er dem Hartzer einen Viertelliter Bier pro Tag zu oder auch ein Achtel Wein zu, während der Gesetzgeber diesem jedes Quäntchen Alkohol vorenthält, während er daran arbeitet, Cannabis zu legalisieren. Unter »Nachrichtenübermittlung« sind im Wesentlichen Medien zu verstehen. Für die 44,90 Euro kann sich der Bürgergeldempfänger keine seriöse Tageszeitung leisten, allenfalls die

Bild-Zeitung. Womöglich hat er sogar einen Anschluss an öffentliche Radio- und TV-Sender, womit er sich endgültig in Schulden stürzen würde. In denen er wahrscheinlich längst schon steckt: Die untersten 10 % in der Einkommensskala haben ein negatives Vermögen, das Fachwort für Schulden. Bescheiden positiv werden die Vermögen erst mit dem vierten Dezil, also ab 30 %. Ein Drittel der Deutschen ist ohne das Vermögen, plötzlichen höheren Kosten aus eigener Kraft finanziell begegnen zu können. Am Bittersten trifft diese Notlage die ganz unten, die Bezieher von Hartz IV, wie das Bürgergeld von Betroffenen-Organisationen zu Recht genannt wird.

Die Tatsache, dass das Bürgergeld die Betroffenen in mindestens derselben großen Armut hält wie zuvor Hartz IV, macht auch den Anspruch des BMAS und seines Ministers zunichte, beim Bürgergeld stünde der Erwerb eines Berufsabschlusses im Vordergrund und nicht die Vermittlung in irgendeine Berufstätigkeit, welche

---

Wie prekär die Lage der weitgehend vermögenslosen, auf ein existenzsicherndes Arbeitsverhältnis angewiesenen Bevölkerung ist, illustrieren Schlagzeilen des Statistischen Bundesamtes aus dem zweiten Halbjahr 2022:

- Relatives Armutsrisiko in Deutschland 2021 bei 15,8 % (4.8.2022)
- Wohnkosten: 10,7 % der Bevölkerung galten 2021 als überlastet (26.8.2022)
- Ein Fünftel der Bevölkerung in Deutschland hatte 2021 ein Nettoeinkommen von unter 16.300 Euro im Jahr (5.10.2022)
- 2,6 Millionen Menschen konnten 2021 aus Geldmangel ihre Wohnung nicht angemessen heizen (21.10.2022)
- 10,5 % der Bevölkerung in Deutschland lebten 2021 in überbelegten Wohnungen (16.11.2022)

auch immer. Die Absicht wäre löblich, denn in der Tat sind, wie Minister Heil ständig erläutert, zwei Drittel der ALG-II-Bezieher ohne Berufsabschluss. Doch natürlich wird es jeden in eine Arbeit ziehen, die schlecht bezahlt wird, aber immer noch mehr bringt als die Zuteilungen der Hartz-Behörde, die das »sozio-kulturelle Minimum« nachweislich nicht sichern. Wer an dieser Gesellschaft materiell, sozial und kulturell teilhaben will, kann dies als ALG-II-Bezieher nicht tun. Er muss arbeiten und angemessen entlohnt werden oder, sofern er hilfsbedürftig ist, in einem Maß unterstützt werden, das die jetzigen Tarife weit übertrifft. Die 725 Euro, die Der Paritätische fordert, wären ein Minimum, das aber die zu fordernde gesellschaftliche Teilhabe der Betroffenen nicht gewährleisten kann.

CDU/CSU: Schlimmer als Arbeiter sind arbeitslose Arbeiter, die auch noch Geld wollen

Bei den Beratungen des Regierungsentwurfes zum Bürgergeld im Herbst 2022 demonstrierte die CDU/CSU ihre reaktionäre Qualität so nachdrücklich, dass es ihr in Zukunft schwerfallen sollte, sich als »Partei des kleinen Mannes« darzustellen. Die Ampelregierung war auf ihre Mitwirkung angewiesen, da das Gesetz der Zustimmung des Bundesrates bedurfte und dieser durch die Mehrheit von Ländern mit Regierungsbeteiligung von Unionsparteien jedes zustimmungspflichtige Gesetz nach Belieben blockieren kann.

Mit der geringen Erhöhung der Regelsätze war die Union von Anfang an zufrieden. Im Übrigen wollte sie die Lage der Arbeitslosen so schutzlos und drückend wie möglich machen, um sie zu zwingen, doch jede Art Berufstätigkeit zu akzeptieren, und die Möglichkeiten zur Weiterbildung beschneiden. Die Koalition wollte die Angemessenheit der Wohnung erst nach zwei Jahren prüfen (Karenzzeit). Die Union setzte durch, dass schon nach einem Jahr geprüft wird, was in aller Regel die ALG-II-Bezieher zwingt, sich eine neue Wohnung zu suchen, was in Zeiten fehlenden bezahlbaren Wohnraums eine Herausforderung ist, die jede qualifizierte Fortbildung in dieser Zeit illusorisch macht.

Der Regierungsentwurf sah vor, dass es in den ersten sechs Monaten keine Sanktionen bei »Pflichtverletzungen und Meldeversäumnissen« der Leistungsbezieher geben sollte, damit diese sich auf ihre Weiterbildung und Arbeitssuche konzentrieren könnten. Die Union setzte durch, dass diese Erleichterung gestrichen wird. Nun wird der Regelbedarf bei dem ersten Meldeversäumnis um 10 % gekürzt, beim zweiten um 20 %, beim dritten um 30 %.

Der Regierungsentwurf sah vor, dass in den ersten zwei Jahren ein Vermögen von bis zu 150.000 Euro geschützt wird. Die Union setzte durch, dass nur bis zu 40.000 Euro im ersten Jahr geschützt sind. Festzuhalten ist hier, dass für die allermeisten an Vermögen nichts da ist, was zu schützen wäre. Die Union sorgt dafür, dass die wenigen anderen ihr mühsam angespartes Mini-Vermögen verlieren. Die Union ist, wie die gelben Glaubensbrüder und -schwestern in der Regierung, eine Partei der Reichen.

Fazit

Die Bundesregierung verfolgt in der Wirtschafts-, Finanz- und Sozialpolitik eine Linie, als wäre sie in der Hand des internationalen Finanzkapitals. Das ist kein Zufall, sondern hat damit zu tun, dass an den wichtigsten Stellen des Apparats Leute wirken, die ihr ganzes Berufsleben vor der Politik im innersten Gehäuse dieses Kapitals zugebracht haben. Da ist Jörg Kukies, Staatssekretär im Bundeskanzleramt, dort zuständig für eben Wirtschafts-, Finanz- und Klimapolitik und auch der Sherpa der Regierung für die Konferenzen der G7. Kukies war zuvor jahrzehntelang bei Goldman Sachs, lange in der Londoner City, zuletzt der Deutschland-Chef dieser Firma, einer der größten Investmentbanken der Welt, Sitz in New York, USA. 2022 war Kukies als Staatssekretär bei der jährlichen Bilderberg-Konferenz, wo die Chefstrategen des internationalen Kapitals zusammenkommen, um ihre geo- und finanzpolitische Linie zu besprechen.

Da ist zum zweiten Elga Bartsch, Chefin der Abteilung I des Bundesministeriums für Wirtschaft und Klimaschutz. Die Abteilung ist zuständig für die »Grundsätze der Wirtschaftspolitik«, ihr Leiter trägt seit den Tagen von Alfred Müller-Armack, dem »Vater der sozialen Marktwirtschaft« und Staatssekretär und Geistesbruder Ludwig Erhards, den Titel des »Chefökonomen der Regierung«. (Die Zeit, 24.11.2022) Bartsch kam direkt von BlackRock, dem größten Finanzoperateur auf dem Globus, ins Haus des grünen Wirtschaftsministers. Und zwar auf Empfehlung seines Staatssekretärs Sven Giegold, der zuvor Grünen-Abgeordneter in Brüssel und davor Mitbegründer von attac Deutschland war. Im Lauf seines Lebens als Europaparlamentarier und Spezialist für Finanzpolitik hat der grüne Politiker herausgefunden, dass die wahren Alliierten bei den internationalen Finanzkonzernen zu finden sind. Bartsch war vor ihrer Tätigkeit bei BlackRock mehr als 20 Jahre bei Morgan Stanley, eine ebenfalls systemrelevante US-Großbank. Urteil der *Zeit*-Autoren: »Mehr Finanzkapital im Lebenslauf geht eigentlich nicht.«

Wenn die Chefökonomin des grünen Wirtschaftsministers auf den Oppositionsführer Friedrich Merz trifft, dann sind Ex-Kollegen unter sich. Denn Merz war vor seinem Neustart in der Politik Deutschland-Chef von BlackRock.

Kapitel 6

Wirtschaftskrieg – Jetzt auch noch mit China?

Wenn es nach Außenministerin Baerbock geht, dann ist klar: Der nächste Feind ist China. Die Musterschülerin aus dem Davoser Young Global Leaders-Klub des World Economic Forum verkündet, wo immer sie ist, dass »Menschenrechte unteilbar, nicht relativierbar – weder kulturell noch religiös« seien, wie ihr Ministerium in einem eigenen Papier amtlich feststellte. (Eva Quadbeck, Berliner Chinastrategen, RND, 15.12.2022) Kultur und Religion außerhalb der westlich-christlichen kann nicht geduldet werden. Ganz besonders nicht, wenn es sich um chinesische handelt. Dort heißt die Kultur »Marxismus-Leninismus«, was die Sache aber noch ärger macht. Jörg Wuttke, der Präsident der Europäischen Handelskammer in Peking, hat beim 20. Parteitag der Kommunistischen Partei Chinas genau aufgepasst. »Künftig gilt: Marx kommt vor Markt.« Xi Jinping habe in seiner Rede Marx fünfzehnmal, Markt aber nur dreimal erwähnt. Von Bundespräsident Steinmeier ist zu hören: »Wir müssen einseitige Anhängigkeiten verringern, wo immer das geht. Das gilt gerade auch für China.« (Der Spiegel, 29.10.2022) Der Präsident des Verfassungsschutzes weiß das noch präziser: »Russland ist der Sturm, China ist der Klimawandel.« (Der Spiegel, 20.10.2022) Baerbocks Fachleute sekundieren: Lieferketten sind zu diversifizieren, kritische Rohstoffe müssen in Lagern vorgehalten werden, in industriellen Schlüsselbereichen dürfen Deutschland und die EU »nicht abhängig werden von technologischen Fortschritten in Drittstaaten, die unsere Werte nicht teilen«. (Quadbeck, a. a. O.)

Robert Habeck wollte seiner Parteifreundin und Konkurrentin um das Amt des/der nächsten Kanzlerkandidaten/in der Grünen nicht lange nachstehen. Auf der G7-Konferenz der Wirtschaftsminister im September 2022 zog er sein Fazit, »die Naivität gegenüber China ist vorbei«. (Münchner Merkur, 15.9.2022) Er habe sich mit seinen Kolleg:innen auf eine »robustere Handelspolitik« verständigt. Prompt weigerte sich sein Ministerium, Volkswagen für seine gewaltigen Neuinvestitionen in China die üblichen staatlichen Investitionsgarantien zu gewähren. Die Fachleute seines Ministeriums brachten ein China-Papier zustande, das sogar der Kollegen im Auswärtigen Amt übertraf und voraussagte, dass China das abtrünnige Taiwan spätestens 2027 annektieren würde, dem 100. Gründungsjahr der Volksbefreiungsarmee. (Michael Bröcker, Der Bruch mit China, thepioneer.de, 5.1.2023) Frau Baerbock hatte Russland schon das Urteil gesprochen, die westlichen Sanktionen würden Russland ruinieren, nun wäre also vorzusorgen, dass Taiwan nicht dasselbe von China wie der Ukraine von Russland widerfahre, weshalb man sich nie wieder abhängig machen dürfe von einem Land, »das unsere Werte nicht teilt«.

Als die Hansestadt Hamburg im Sommer 2022 einen Teil eines Hafenterminals – 37 % – an die chinesische Cosco verkaufen und die dafür notwendige Bewilligung der Bundesregierung einholen will, erklären im regierungsinternen Austausch sechs Ministerien ihr striktes Nein. Angeführt wird die interministerielle Anti-China-Gruppe vom Auswärtigen Amt, das »grundsätzlich« dagegen ist, und vom Wirtschaftsministerium, das sich für eine »Volluntersagung« ausspricht. Offenbar fürchten sie eine Transporthegemonie der Chinesen über Europas Seehäfen. Cosco hat bereits Hafenbeteiligungen in Piräus/Griechenland (100 %), in Zeebrügge/Belgien (80 %), Valencia/Spanien (51 %), Porto Vado/Portugal (40 %), Bilbao/Spanien (39,5 %), Antwerpen/Belgien (17,9 %). (Der Spiegel, 27.10.2022) Kanzler Scholz, früher Hamburgs Erster Bürgermeister, spricht ein Machtwort und genehmigt die Cosco-Beteiligung, allerdings nur mit einem Anteil von 24,9 %, was den Chinesen strategischen Einfluss auf Unternehmensentscheidungen verwehren würde.

Ob die chinesische Seite auf diesen Handel eingeht, war bis Februar 2023 offiziell noch nicht geklärt. Was China mit seinen Terminalbeteiligungen erreichen will, liegt auf der Hand: Sie wollen sich Einfluss verschaffen auf die europäischen Anlaufpunkte ihrer Seetransporte. Scholz' Motive sind komplexer. Vor seiner Reise nach China – als erster Repräsentant eines großen westlichen Landes stattete der Kanzler wenige Wochen nach dem 20. Parteikongress der KPCh einen 12-stündigen Antrittsbesuch bei Präsident Xi ab – nannte er fünf Gründe für seine China-Politik, die er mit »Augenmaß und Pragmatismus« durchführen wolle. Schon diese formale Kennzeichnung steht in wohldurchdachtem Gegensatz zur konfrontativen Rhetorik der USA und zu seiner eigenen Außenministerin. Die Frage ist, ob dies bloße Rhetorik des Kanzlers ist, oder ob es auch eine andere Substanz ausdrückt. Die von Scholz angeführten Gründe geben Aufschluss darüber.

1. Als erstes führt der deutsche Regierungschef an, dass China heute nicht mehr dasselbe ist wie noch vor fünf Jahren. Die »Bekenntnisse zum Marxismus-Leninismus« hätten den 20. Parteikongress geprägt, im Vordergrund stünden jetzt »nationale Sicherheit« und »nationale Autonomie«. Fazit hier: »Wenn China sich verändert, muss sich auch unser Umgang mit China verändern.« Scholz stellt hier heraus, dass China ein entgegengesetztes gesellschaftliches System darstellt, ein »systemischer Rivale« auf hanseatisch, und dass China selbst zu nationaler Autonomie strebe, was nichts anderes heißt, als dass die deutschen Unternehmen nicht mehr so viele Chancen für Investitionen und für Exporte bekommen.

2. Die Welt habe sich verändert mit dem Krieg Russlands gegen die Ukraine. China habe sich zwar gegen den Einsatz von oder auch die Drohung mit Atomwaffen gemeinsam mit den anderen Mitgliedern des UN-Sicherheitsrates positioniert. Nun aber brau-

che es »klare Worte Pekings an die Adresse Moskaus«. Scholz hätte gerne, dass China die eurasische Allianz China-Russland in der Ukraine-Frage aufgibt. Keineswegs ginge es dabei um die Absicht einer Blockbildung. Deutschland sei gegen eine solche, ebenso wie die USA (CS: Was eine absurde Fehldeutung der US-Linie ist, vgl. Schuhler 2021). China sei zuzugestehen, »künftig eine bedeutende Rolle auf der Weltbühne (zu) spielen«. Daraus könne aber weder die Forderung nach einer Isolierung Chinas abgeleitet werden noch ein Anspruch auf hegemoniale Dominanz Chinas.

3. Auch unter den »veränderten Vorzeichen« bleibe China ein wichtiger Wirtschafts- und Handelspartner »für Deutschland und Europa«. »Wir wollen keine Entkopplung von China. Aber was will China?« Es wolle den innerchinesischen Markt stärken und Abhängigkeiten von anderen Ländern herunterfahren. Deutschland wolle analog verfahren. Scholz hat allerdings kein Wort für eine Ausweitung des innerdeutschen Marktes übrig, er spricht nur von »kluger Diversifizierung«. Wo riskante Abhängigkeiten bestünden, »etwa bei wichtigen Rohstoffen, manchen Seltenen Erden oder bestimmten Zukunftstechnologien«, da würde man sich in Zukunft »breiter aufstellen«. Die Formel lautet: »Diversifizierung und Stärkung unserer eigenen Resilienz, statt Protektionismus und Rückzug auf den eigenen Markt.«

Scholz trägt hier ohne große Camouflage das Mantra der großen Exportnation vor. Von einer Vergrößerung des deutschen Marktes redet er nicht, weil dies die Erhöhung der Masseneinkommen verlangen würde. Dies darf aber auf keinen Fall stattfinden, würden höhere Arbeitseinkommen doch die Kosten der Produkte erhöhen, die dann auf dem Weltmarkt nicht mehr so große Preisvorteile hätten. Deshalb ist Resilienz angesagt, Widerstandsfähigkeit, Sicherung der Produktionsstrukturen in ihrer alten Form, aber zum Teil mit neuen Partnern.

4. Scholz zitiert Xis Spruch in Davos, dass die Welt sich durch die Bewegung von Widersprüchen entwickelt. Dann zählt er die Widersprüche auf: Er listet die Uiguren in Xinjiang auf und den Streit um

Taiwan. Der Status quo dort dürfe nur friedlich und in gegenseitigem Einvernehmen geändert werden. Dass Taiwan völkerrechtlich zur Volksrepublik China gehört, dass die Kuomintang-Truppen Chiang Kai-sheks auf der Insel mit Hilfe der USA eine antikommunistische Enklave schufen, dass allein die Volksrepublik darüber zu entscheiden hat, wie sie mit Taiwan in Übereinstimmung mit völkerrechtlichen Grundsätzen umgeht, dazu sagt der deutsche Kanzler nichts. Auch nichts dazu, dass seine eigene Wissenschaftsministerin erwog, à la Nancy Pelosi Taiwan zu besuchen (was Stark-Watzinger dann im März 2023 auch realisierte) und damit Peking aufs Äußerste zu brüskieren. China und Taiwan betreffend, liegt Scholz fest auf der Linie Washingtons.

5. Die EU hat China als »Partner, Wettbewerber, Rivale« beschrieben. Scholz macht sich diese Zuschreibung zu eigen, und betont, dass die Elemente der Rivalität und des Wettbewerbs zugenommen haben. Zugleich gelte es aber auszuloten, wo Kooperation in gegenseitigem Interesse liege. Schließlich brauche die Welt China, etwa im Kampf gegen globale Epidemien oder bei der Emissionsreduktion.

Scholz schließt sein Brevier mit der Versicherung, die Kooperation mit China zu suchen, »wo sie im Interesse beider Seiten liegt«. Kontroversen werde man aber nicht ausklammern. (Frankfurter Allgemeine Zeitung, 2.11.2022)

Diese Position des deutschen Kanzlers entspricht zwar im Kern den Kriterien der US-Strategie des systemischen Kampfes gegen China, enthält aber abweichende Positionen des deutschen Teils des globalen Kapitals. Adam Tooze (2022) meint, Scholz versuche eine »Gratwanderung« zwischen dem schroffen Anti-China-Kurs und einer Position, die bei aller Diversifizierung, das heißt Loslösung einiger Elemente des Wirtschaftsaustauschs vom bisherigen Partner China, eine weitere bedeutende Zusammenarbeit freihalten soll. Die gewundene deutsche Haltung erklärt sich aber nicht nur aus dem Verhältnis zur westlichen Vormacht USA. Sie gründet auch in der veränderten Natur der deutsch-chinesischen Wirtschaftsbeziehungen:

6. WIRTSCHAFTSKRIEG – JETZT AUCH NOCH MIT CHINA?

1. Der Westen insgesamt, und damit vor allem auch der Exportweltmeister Deutschland, musste einsehen, dass sein Konzept »Wandel durch Handel« gescheitert ist. Im Fall China erlebte Deutschland, dass sein Handel mit China sich seit 2005 vervierfachte, aber dort nicht die Bekenntnisse zu »unseren Werten«, sondern die zum »Marxismus-Leninismus« zunahmen. Die ideologische Begründung des Austauschs erweist sich als hohl. Es geht nicht um die Verbreitung der »westlichen Werte«, es geht ums nackte Geschäftemachen. Das macht die Begründung und Selbstbepreisung des langjährigen Exportführers im kapitalistischen Lager schwieriger, es erhöht seine politischen Kosten im eigenen Lager.

2. Der Export nach China verlor für Deutschland den Charakter eines Wachstumsmotors. Von 2000 bis 2013 gab es Zuwächse, vor allem von 2009 bis 2011, den Jahren nach der »globalen Krise«, sprunghafte Anstiege. Seit 2013 aber stagniert der China-Export bei 2,5 bis 2,8 % des BIP. Das ist immer noch beträchtlich, es sorgt mit für ein hohes Produktionsniveau, aber nicht mehr für überdurchschnittliches Wachstum.

Der BIP-Anteil der Exporte nach China ist bei den USA und den EU-Ländern ohne Deutschland erheblich geringer. Bei den USA ist der BIP-Anteil, auch wenn die Exporte in absoluten Zahlen die größeren sind, nur halb so hoch wie der deutsche Prozentsatz, was es den USA so viel leichter macht, gegenüber China schroff und kompromisslos aufzutreten.

3. Deutschland wies von 2009 bis 2021 als eines der wenigen westlichen Länder einen Leistungsbilanzüberschuss gegenüber China auf, exportierte also mehr dorthin als es von dort importierte. Dies lag daran, dass »seine hochentwickelte industrielle Basis die wirtschaftliche Entwicklung Chinas komplementiert hat«. (Tooze 2022) So erhielt Deutschland billige Importe, während es höherwertige Güter für die in China rasant durchgeführte Transformation exportieren konnte.

Dass die Importe seit 2016 schnell ansteigen, während die Exporte stagnieren, ist vor allem darauf zurückzuführen, dass China seine Transformation zum modernen Industrieland mittlerweile weitgehend vollzogen hat. Es entwickelt sich auf dem internationalen Feld in einigen Branchen vom komplementären Wirtschaftspartner zum kompetitiven Anbieter, es wird zum Wettbewerber. Was die USA auf dem Feld der globalen Hegemonie erleben, dass China zu einem Rivalen wird, was Wirtschaftskraft, militärische Stärke und kulturelle Anziehungskraft betrifft, erleben die übrigen westlichen Industrienationen auf ökonomischem Feld: China wird auf den Weltmärkten zu einem großen Konkurrenten, umso mehr als es selbst einen riesigen Markt darstellt und offenbar seine Kräfte effektiv bündeln kann für eine stete Erhöhung von Produktivität und Lebensstandard seiner Bevölkerung von 1,4 Milliarden Menschen.

4. Sind schon 2,5 % des BIP, die bislang auf dem chinesischen Markt abgesetzt werden, von erheblicher Bedeutung, so sind es die Umsatzanteile großer deutscher Konzerne noch viel mehr.

Infineon	37,9 %	Siemens	13,2 %
Volkswagen	37,2 %	Siemens Healthineers	13,7 %
Daimler	32,2 %	Puma	11,3 %
BMW	31,7 %	Sartorius	11,9 %
Covestro	22,3 %	Bayer	8,7 %
Adidas	21,6 %	Linde	8,3 %
BASF	15,3 %	Henkel	8,0 %
Merck	14,7 %	Siemens Energy	5,6 %

Quelle: Tooze 2022

Für die Umsätze der größten deutschen Konzerne ist das China-Geschäft noch sehr viel bedeutender als für die deutsche Wirtschaft insgesamt. Der einzige Halbleiter-Produzent von internationaler Bedeutung – Infineon, früher Siemens – ist ebenso darauf angewiesen, wie es die großen Automobilhersteller und die Chemie-Riesen sind. Und sie sind zum Äußersten entschlossen, dieses Geschäft zu behalten und weiter auszubauen.

6. WIRTSCHAFTSKRIEG – JETZT AUCH NOCH MIT CHINA?

So übernahm der bisherige Vorstandsvorsitzende von Volkswagen Pkw, Ralf Brandstätter, im August 2022 die Leitung der Volkswagen Group China, nachdem das operative Ergebnis des Konzerns in China von 2019 bis 2021 um ein Drittel auf immer noch gewaltige 3 Milliarden Euro zurückgegangen war. Es ging darum, sagte er, »unsere Dienstleistungen, Technologien und Produkte noch schneller und konsequenter auf die spezifischen Bedürfnisse unserer Kunden vor Ort aus(zurichten)«. (Tooze 2022) Das local-to-local-Konzept wird von VW äußerst schnell umgesetzt. Im Oktober 2022 wurden innerhalb einer Woche zuerst eine 1-Milliarde-Euro-Investition in ein Softwareentwicklungs-Joint-Venture und darauffolgend ein 2,4 Milliarden Euro schweres Joint Venture mit einem der führenden chinesischen Entwickler von Künstlicher Intelligenz angekündigt. VW setzt auf das fahrerlose Auto der Zukunft im größten Automarkt der Welt. Schon heute hat VW in China 30 Werke mit über 90.000 Beschäftigten. Ohne China wäre VW nicht mehr überlebensfähig. Dort verkauft VW heute schon mehr als jedes dritte Auto und macht mit Abstand das beste Auslandsgeschäft.

Die Abhängigkeit von Mercedes und von BMW vom chinesischen Markt ist nur wenig geringer. Deren Vorstände treten genauso entschlossen für einen weiteren Ausbau ihrer China-Investitionen ein. Der BMW-Chef Oliver Zipse verteidigte Chinas Marktpolitik und verglich sie mit der Strategie der Biden-Regierung. Die 50:50-Joint-Ventures – China verlangt von den Automobilproduzenten die 50%-Beteiligung eines chinesischen Investors – nannte Zipse »fair für alle«. Ola Källenius, Vorstandsvorsitzender von Mercedes-Benz, nannte die Idee, die chinesische Wirtschaft von der europäischen oder US-amerikanischen abzukoppeln, »eine totale Illusion. Das hätte dramatische Folgen für die Weltwirtschaft, die in keiner Weise mit denen des Ukraine-Krieges vergleichbar wären.« (Tooze 2022)

Schier offensiver noch als die Autohersteller wollen die Chemiekonzerne in China expandieren. BASF, der umsatzstärkste Chemiekonzern der Welt, will sein Geschäft in Deutschland verkleinern und in China enorm ausweiten. In China gäbe es Risiken, sagt Vorstandsvorsitzender Brudermüller, andererseits müsse man sich aber fragen, »was für ein Risiko ein Konzern eingeht, der auf die Hälfte des Weltmarkts verzichtet«. (Der Spiegel, 20.10.2022) Das Risiko geht BASF nicht ein und hat 2022 eine neue Anlage für Kunststofftechnik in China mit einem Volumen von zehn Milliarden Euro eröffnet. Bei der Eröffnung des weltweit größten Standorts für Oberflächentechnik im November 2022 weist Jeffrey Lou, Vorstandsvorsitzender von BASF – Greater China, die Richtung: »BASF ist entschlossen, in China, dem größten Chemiemarkt der Welt, zu wachsen. Es ist unsere Strategie, dort zu produzieren, wo unsere Kunden sind.« (BASF, 22.11.2022)

Für Deutschland hingegen hat der Ludwigshafener Chemiekonzern, der wegen der Gaskrise unter großen Kostendruck geriet, ein Sparprogramm aufgelegt, das die jährlichen Kosten für 2023 und 2024 um 500 Millionen senken soll. Mehr als die Hälfte der Einsparungen soll am Standort Ludwigshafen realisiert werden. Die Unternehmens-, Service- und Forschungsbereiche sollen ebenso »gestrafft« werden wie die Konzernzentrale, was auch zu Stellenabbau führen werde. Zur *Deutschen Presse-Agentur* sagte der Vorsitzende der Chemiegewerkschaft IG BCE, Michael Vassiliadis, der auch Gewerkschaftsvertreter im BASF-Aufsichtsrat ist: »Tiefe Einschnitte an den heimischen Standorten anzukündigen, während Politik und Sozialpartner einen milliardenschweren Abwehrschirm aufspannen, ist nicht nur maximal instinkt- und respektlos, sondern wird auch auf unseren entschiedenen Widerstand treffen.« (rheinpfalz.de, 13.10.2022) Die Beschäftigten der Chemieindustrie wird es, neben den Kolleginnen und Kollegen der Autoindustrie, mit am heftigsten treffen, wenn jetzt das »Modell Deutschland« zerbricht. (siehe das folgende Kapitel 7)

Ganz anders problematisch ist die Lage von Siemens Energy, das sich auf Hochtechnologien für die Erzeugung erneuerbarer Energien spezialisiert. Der Konzern stößt im nationalen und internationalen Energiegeschäft zunehmend auf chinesische Konkurrenten, sechs der zehn weltgrößten Windturbinenhersteller kommen aus China. (INGENIEUR.de, 18.10.2021) Nun sollen die chinesischen Wettbewerber zumindest vom deutschen Markt verbannt werden. Die Bundesregierung soll auch die Energienetze zu einem Element der »kritischen Infrastruktur« erklären, womit chinesische Anbieter dann von Ausschreibungen ausgeschlossen werden, wie es Huawei bereits bei der Mobilfunkversorgung in den USA und der EU erging. Vor dem eigenen Geschäft hat die Diversifizierung, die Ausweitung der internationalen Handelsbeziehungen haltzumachen.

Siemens Energy, das schon im eigenen Land den Wettbewerb mit den chinesischen Rivalen scheut, wird womöglich mit seinen Direktinvestitionen in China selbst zurückhaltender vorgehen als andere deutsche Firmen und auch die anderen Zweige der Siemens-Familie. Der Bestand deutscher Investitionen in China hat sich von 2010 auf 2020 auf fast 90 Milliarden Euro verdreifacht, das Zehnfache der chinesischen Investitionen in Deutschland. Der Warnschrei deutscher Politik und Publizistik, es müsse Reziprozität in den deutsch-chinesischen Handels- und Kapitalbeziehungen herrschen, erweist sich vor diesem Zahlenhintergrund als platte Propaganda. Nach einer Studie des Instituts der deutschen Wirtschaft (IW 2022) ist im ersten Halbjahr 2022 die Rekordsumme von rund zehn Milliarden Euro neu von deutschen Firmen in China investiert worden. Rund 5.000 deutsche Firmen sind jetzt dort aktiv. Allein auf VW, BMW, Mercedes und BASF entfällt ein Drittel der europäischen Investitionen in China. Nicht nur das Kapital hängt an der Kooperation mit China, auch die Zahl der Arbeitsplätze. Laut IW-Forscher Matthes entfallen über eine Million Arbeitsplätze in Deutschland auf Güter für den Export nach China.

Nicht nur die Exportindustrie hängt zu einem guten Teil vom chinesischen Markt ab, die Industrieproduktion insgesamt ist auf chinesische Vorleistungen angewiesen. Der Importanteil am Aufkommen an Industriewaren beläuft sich auf rund 35 %, in einzelnen Bereichen noch erheblich mehr. Bei Bekleidung und Lederwaren liegt er bei über 80 %, bei Arzneimitteln und Datenverarbeitungsgeräten liegt er bei mehr als 50 %. (Rangnitz 2022, S. 3) Die meisten deutschen Importe kommen aus China.

Wie in der Politik gibt es auch in der deutschen Wirtschaft ganz unterschiedliche Herangehensweisen an die Frage »Wie halten wir es mit China?« Der Bundesverband der Deutschen Industrie (BDI) hat schon im Juli 2021 versucht, eine Linie für die »Außenwirtschaftliche Zusammenarbeit mit Autokratien« vorzugeben. Die allgemeinen Grundsätze sind aufschlussreich. Als generelle »Leitlinie« wird erklärt, dass »wir uns zur regelbasierten internationalen Ordnung bekennen«. Dann aber wird eindringlich gemahnt: »Gegenseitige Abschottung sollte vermieden werden«. Auch muss »sich die EU gemeinsam mit Partnern wie den USA, Kanada, Japan, Südkorea, Australien, Neuseeland und anderen als wertebasierte Gemeinschaft neu (aufstellen)«. Dabei kommt dem transatlantischen Schulterschluss … grundlegende Bedeutung zu«. Schließlich muss »die Einsicht, dass auf absehbare Zeit unterschiedliche Gesellschaftssysteme nebeneinander existieren werden, die miteinander konkurrieren«, verbunden werden mit dem Wissen, dass »es (gleichzeitig) vor dem Hintergrund globaler ökologischer und ökonomischer Herausforderungen dringend geboten (ist) zu kooperieren«.

Zusammenfassend: Die deutsche Wirtschaft möchte es sich mit keiner der beiden größten Volkswirtschaften der Erde verderben, die sie beide als Exportmärkte und Kapitalanlageregionen braucht; sie sieht sich aber im Kampf um die neue Weltordnung und im Konfliktfall, den sie lieber vermeiden möchte, klar im Lager der »wertebasierten Ordnung«, das heißt der derzeit unumstrittenen Nr. 1 der westlichen Wertegemeinschaft, den USA. Über die Aufwertung der EU möchte sie aber ein größeres Mitspracherecht über die Verteilung des globalen Wirtschaftsfeldes. In der Verächtlichmachung Chinas steht sie weit hinter der Politik der USA und der grünen Bundesminister/innen zurück und will darauf beharren, dass »die deutsche Industrie nach ihren eigenen Werten handeln« muss. Diese Werte – nämlich kostenoptimal zum maximalen Profit zu kommen – pflegen auch die deutsche Politik zu bestimmen. Es ist

6. WIRTSCHAFTSKRIEG – JETZT AUCH NOCH MIT CHINA?

dieses Mal so kompliziert, weil die Interessen der deutschen Export-Konzerne oft konträr stehen zu den Imperativen aus Washington und ein größerer Teil der Mittelstands-Unternehmer schon jetzt von der Sanktionspolitik gegen Russland in Existenznot getrieben wird. Ein Drittel aller vom BDI befragten Unternehmer dieser Kategorie, die stets als Fundament der »sozialen Marktwirtschaft« herausgestellt werden, erklärte, sie befänden sich in einer »existenziellen Krise«. Ein Fünftel von ihnen offenbarte, sie würden ihre Produktion ins Ausland verlegen. (Siegfried Russwurm, Chef des BDI, bei Maybrit Illner, ARD, 15.9.2022) Der Wirtschaftskrieg mit China wird nicht nur die mittleren Unternehmen, er wird auch große Konzerne in »existenzielle Krisen« stürzen. Und damit auch große Massen an Belegschaften.

Dass Wirtschaft und Politik sich ins Korsett der atlantischen Allianz fügen, dafür strengen sich die Medien für das große Publikum jeden Tag nach Kräften an. *Der Spiegel*, den immer noch die längst unverdiente Aura der Verfolgung durch die Strauß-Polizei zu Beginn der Sechziger Jahre des vergangenen Jahrhunderts umweht, nannte die Scholz-Entscheidung im Cosco-Hamburger-Hafen-Deal »verheerend« und »unterwürfig und naiv«. In China gäbe es nur noch »Xi-iten«, die ein nationalistisches China erschüfen, »das nicht mehr angewiesen ist auf Kooperation mit dem Westen«. »Als Gratulant zu Xis totaler Machtübernahme« sei Scholz da aufgetaucht wie früher, »als man sich noch seiner Macht am Hofe durch Tributzahlungen (versicherte)«. (Der Spiegel, 29.10.2022) So wie *Der Spiegel* trommeln *Süddeutsche Zeitung, Frankfurter Allgemeine Zeitung, Die Zeit* und die übrigen »Flaggschiffe« der Publizistik hierzulande eine öffentliche Meinung herbei, die der Politik eine konfrontative Haltung zur Volksrepublik China aufzwingen soll. Wenn dies gelingt, wird man Deutschland kaum noch wiedererkennen.

Kapitel 7

Deutschlands Geschäftsmodell zerbricht – die »Wohlstandsverluste« sind erheblich

Deutschland – »die Exportnation«

Deutschland spielt ein großes Instrument im Weltkonzert. Es beheimatet die fünftgrößte Volkswirtschaft der Welt, hinter China, den USA, Indien und Japan; es ist die drittgrößte Exportnation hinter den USA und China.

Rang	BIP-KKP	Bill. $	Export	Anteil	Import	Anteil
			Die zehn größten Handelsnationen 2021			
1	China	24,9	China	15,1	USA	13,0
2	USA	21,1	USA	7,9	China	11,9
3	Indien	9,3	Deutschland	7,3	Deutschland	6,3
4	Japan	5,1	Niederlande	3,8	Japan	3,4
5	Deutschland	4,4	Japan	3,4	Niederlande	3,4
6	Russland	4,1	Hongkong	3,0	Frankreich	3,2
7	Indonesien	3,2	Südkorea	2,9	Hongkong	3,2
8	Brasilien	3,1	Italien	2,7	GB	3,1
9	Frankreich	3,0	Frankreich	2,6	Südkorea	2,7
10	GB	3,0	Belgien	2,4	Indien	2,5

Quellen: BIP-KKP: CIA World Factbook 2022;
weltgrößte Handelsnationen: BMWK 2022a;
KKP = Kaufkraftparität; China hier ohne Hongkong

Dass das im globalen Maßstab kleine Deutschland, es stellt nur 1,1 % der Weltbevölkerung, diese enorme Rolle spielt, hängt vor allem mit dem dritten Platz im internationalen Exportwettkampf zusammen. Fast die Hälfte der deutschen Produktion von Waren und Dienstleistungen geht in den Export. Exporte und Importe, die sogenannte Außenhandelsquote, belaufen sich auf 89 % des Bruttoinlandsprodukts. (destatis.de, Außenwirtschaft) Jeder vierte deutsche Beschäftigte arbeitet für den Export. Der Überschuss der Exporte über die Importe macht 5,4 % des BIP aus. Über ein Zwanzigstel der Werte, die in Deutschland produziert werden, entschwindet den diese Werte Produzierenden und bedient Nachfrage aus dem Ausland. Die weitaus größten Anteile an den deutschen Exporten entfallen etwa zu gleichen Teilen (rund 16 % der deutschen Gesamtexporte) auf die USA und China; während der Anteil der USA seit 2006 etwa gleich blieb, hat sich der Anteil Chinas seit damals mehr als verdoppelt. Bei den deutschen Importen ist China mit 11,8 % der Gesamtimporte das wichtigste Lieferland, gefolgt von den Niederlanden mit 8,8 % und den USA mit 6,0 %. Im Jahr 2006 lagen China und die USA noch gleichauf (bei 6,8 bzw. 6,7 %). Die höchsten Handelsüberschüsse nach Ländern wies Deutschland gegenüber den USA, Großbritannien und Frankreich auf, das weitaus größte Defizit gegenüber China. Deutschland ist mit einem »Offenheitsgrad« (Ex- plus Importe in Relation zum BIP) von 89,4 % die offenste Volkswirtschaft der G7-Staaten. Fast ein Viertel der inländischen Endnachfrage wurde durch Importe abgedeckt (Importabhängigkeitsquote: 23,1 %). Der Anteil der Importe an den deutschen Exporten lag bei 41,4 %. (Bundesministerium für Wirtschaft und Klimaschutz – BMWK, Fakten zum deutschen Außenhandel, a. a. O.)

Deutschland ist eingewoben in die globalisierte Wirtschaft wie sonst keines der großen Industrieländer. Seine wichtigsten Handelspartner sind China und die USA. Der Wohlstand der Nationen, so hören wir seit den Tagen von Adam Smith und David Ricardo, liege in ihrer Arbeitsteilung. Wenn ein jedes zweier Länder, lehrt Ricardo, sich auf diejenige von zwei Branchen konzentriere, in der es komparative Kostenvorteile hat, dann kommt mehr für jedes heraus, als wenn jedes versuche, in beiden Branchen zu produzieren, auch wenn ein Land in beiden Branchen absolute Kostenvorteile hätte. Ricardos »Gesetz der komparativen Kostenvorteile« gilt bis heute als theoretische Grundlage der Freihandelspropaganda, ist aber nichts weiter als eine Verschleierung der Realität, dass technologisch und in Machtmitteln überlegene westliche Gesellschaften die Unterlegenen ausbeuten. Ricardo ging nämlich von Gesellschaften aus, die dasselbe Maß an Arbeitsproduktivität aufweisen. Der Wert einer Stunde Arbeitszeit in einer technologisch hochstehenden Volkswirtschaft ist aber beträchtlich höher als in einer »jungen« Nation, die noch auf dem Weg der Transformation zu einer modernen Industrie- oder gar Postindustriegesellschaft ist. In den Wert der modernen Arbeitsstunde fließen Werte der zuvor geleisteten Arbeit bei der Erstellung der hochproduktiven Industrieanlagen und der Ausbildung der hochqualifizierten Arbeitskraft mit ein. Moderne Maschinenexporteure wie die deutschen Fabrikanten erzielen Überschüsse über Exporteure von Produkten, die mit geringwertigerer Arbeit hergestellt werden – selbst wenn »gerecht« getauscht würde. Was aber nicht der Fall ist. Ricardo hat in seinem Beispiel unter anderen Mängeln die Transportkosten nicht berücksichtigt. Wer die Kontrolle über die Transportrouten hat, kann den Preis und den Zugang zu den Märkten bestimmen. Die Sanktionsregime von USA und EU demonstrieren das heute. Überhaupt bestimmt die global einsetzbare Macht auch hinein in das globale Produktions- und Marktgeschehen. Was zu Ricardos Zeiten die britische Flotte für das British Empire war, sind heute die verschiedenen Military Commands, in die die US-Armee die Erde und sogar den Weltraum eingeteilt hat, um das politische und wirtschaftliche Leben global zu umspannen. So weisen die USA seit vielen Jahren ein erheblich negatives Leistungsbilanzsaldo auf, kaufen vom Ausland noch weit mehr, als sie verkaufen, leben also auf Kosten der übrigen Länder. Deutschland hingegen hat seit 2000 sein positiven Außenhandelsbilanzsaldo vervierzigfacht, die übrigen »Länder« verschulden sich bei der »deutschen Wirtschaft« allein 2021 um 208 Milliarden Euro. (destatis.de 2023) Während die allgemeine Bevölkerung wertmäßig über weniger Produkte verfügt, als ihre produktiven Teile hergestellt haben, kann das Kapital durch die Exportüberschüsse über ein größeres Profitfeld verfügen. Die Exportabhängigkeitsquote, der Anteil am BIP, der durch die Auslandsnachfrage induziert wird, liegt bei knapp 30 % und ist bis zu Corona-Pandemie und Ukraine-Krieg Jahr für Jahr gestiegen.

Doch fragen wir genauer nach: Woher rührt die Ausnahmestellung der Exportnation Deutschland?

Die Elemente des deutschen Geschäftsmodells
Es gibt vier wesentliche Gründe für das *Geschäftsmodell Deutschland*:

Erstens: Die »Friedensdividende«, die Deutschland zu einer relativ – vor allem im Verhältnis zu den USA und den anderen beiden Nuklearmächten der NATO, Frankreich und Großbritannien – niedrigen Rüstungsquote verhalf und so Geld freimachte für den »Sozialstaat« und für Wissenschaft, Forschung und technologischen Fortschritt im zivilen Bereich. So werden in Deutschland 3,13 % des BIP für Forschung & Entwicklung ausgegeben. (destatis.de, Forschung-Entwicklung) In Großbritannien hingegen nur 1,71 %, im Durchschnitt aller OECD-Staaten sind es 2,68 %. Japan aber, wie Deutschland mit einer »Friedensdividende« ausgestattet, bringt es auf 3,15 %. (oecd.org) Darüber hinaus sorgte der »Frieden« unter den größeren globalen Mächten für einen weitgehend freien, ungehinderten internationalen Handel. Die zahlreichen Kriege vom Kosovo über Irak, Syrien, Tschetschenien bis nach Libyen und Kaschmir spielten sich am Rand der großen Handelsströme und am Rand der öffentlichen Meinung des Westens ab. Mit dem Ukraine-Krieg und den Sanktionsregimes des Westens gegen Russland und dem offiziellen Wirtschaftskrieg der USA gegen China und den Erklärungen Deutschlands und anderer westlicher Nationen, in Zukunft jede »Abhängigkeit« von China zu meiden und ihre Handelsbeziehungen zu »diversifizieren«, hat sich die Lage grundlegend verändert. Im Westen steigen überall die Rüstungshaushalte, von dem weitaus größten Aufrüster USA bis zu den Frontnationen Japan und Deutschland; und der internationale Handel, der nach der Corona-Krise einen neuen Aufschwung erlebte, mit dem Ukraine-Krieg einen deftigen Rückschlag erhielt, sich dann wieder zu erholen schien, verzeichnet nun wieder mit der Zuspitzung der geopolitischen Konfrontation einen neuen Dämpfer.

Zweitens: Im Vergleich zu anderen Volkswirtschaften hat die Industrie in Deutschland ein deutlich höheres Gewicht. Diese Industrie ist spezialisiert auf die Entwicklung und Herstellung komplexer Güter, vor allem auf Innovationsgüter und innovative Produktionstechnologien. 7,5 Millionen Menschen, knapp 20 % der Erwerbsbevölkerung, arbeiten in der Industrie und im verarbeitenden Gewerbe. Laut Statistischem Bundesamt gilt Deutschland »auch als Europameister im Erfinden«. Die meisten Patente werden von Automobilzulieferern angemeldet. Kraftfahrzeuge sind auch einer der beiden Exportschlager Deutschlands. Noch davor stehen »Maschinen und mechanische Erzeugnisse«. (destatis.de 2023) Um die starke internationale Wettbewerbsstellung zu halten, um zur Industrie 4.0 zu kommen, wäre eine entschiedene Förderung ziviler Technologie nötig. Experten bezweifeln, dass Deutschland dieses Ziel erreichen wird, da es heute bereits in der Digitalisierung hinter anderen Industriestaaten zurückhängt. (Süddeutsche Zeitung, 5.1.2023) International liegt Deutschland in Patentanmeldungen weit sowohl hinter China als auch hinter den USA zurück. (Schuhler 2021, S. 98) Deutschland wird seine Stellung als überlegener Exportchampion verlieren, selbst wenn die übrigen Bedingungen gleich blieben.

Die bis heute noch herausgehobene Stellung als Produzent von Investitionsgütern und innovativer Produktionstechnologien macht Deutschland zum begehrten Partner sowohl moderner Industrie- und Postindustriegesellschaften als auch von Transformationsgesellschaften, die viele der nötigen Ausrüstungen aus dem wirtschaftlich entwickelteren Ausland einkaufen müssen. Die Liste der Haupthandelspartner Deutschlands demonstriert dies.

7. DEUTSCHLANDS GESCHÄFTSMODELL ZERBRICHT

	Haupthandelspartner Deutschlands 2021			
Rang	Warenexporte	Anteil	Warenimporte	Anteil
1	USA	8,9 %	China	11,9 %
2	China	7,6 %	Niederlande	7,6 %
3	Frankreich	7,4 %	USA	6,1 %
4	Niederlande	6,6 %	Polen	5,7 %
5	Polen	5,6 %	Italien	5,4 %

Quelle: destatis.de, Rangfolge der Handelspartner im Außenhandel
Statistik wird fortgeschrieben

Die Liste der ersten Fünf zeigt schon, dass Deutschlands Exportwaren zwar überwiegend im EU-Rahmen Abnehmer finden, sie aber auch auf dem Weltmarkt außerhalb der EU erfolgreich sind. Die beiden Nicht-EU-Länder China und USA sind in dieser Reihenfolge die ersten Handelspartner der Bundesrepublik. Das Statistische Bundesamt meldete die neuen Zahlen mit dieser Überschrift: »Die Volksrepublik China ist erneut Deutschlands wichtigster Handelspartner«. Zum sechsten Mal hintereinander, doch dieses Mal nimmt Deutschland mehr von China ab, als es dorthin exportiert. Die höchsten Exportüberschüsse weist Deutschland mit den USA, Frankreich und Großbritannien auf. (BMWK 2022a, S. 2)

Eine genauere Auflistung der zwischen Deutschland und China getauschten Waren offenbart den großen Fortschritt, den China auf seinem Weg vom Schwellen- und Entwicklungsland (so wird es in den Statistiken und sonstigen Verfahren der UN noch genannt und behandelt) zum hochentwickelten Industrieland bereits zurückgelegt hat. Deutschland exportiert mehr Kraftfahrzeuge und mehr Maschinen nach China. Doch China exportiert fast dreimal mehr Datenverarbeitungsgeräte und optische sowie elektronische Geräte nach Deutschland als umgekehrt. (Deutsche Bundesbank/Statistisches Bundesamt, Dezember 2022)

Neben dem Außenhandel spielt der Kapitalverkehr in der globalisierten Wirtschaft eine bedeutende Rolle. Deutsche Firmen investieren im Ausland und umgekehrt ausländische in Deutschland.

Der Investitionsbestand deutscher Firmen im Ausland ist ungefähr doppelt so groß wie der Bestand ausländischer Firmen in Deutschland. Die internationalisierten Unternehmen weisen eine steigende Produktivität, höhere Umsätze und Profite als die national verbliebenen Firmen aus. Diese könnten sich »als relative Verlierer der Globalisierung betrachten«. (Deutsche Bundesbank, Monatsbericht Juli 2021, S. 15) Angesichts der Vorteile und des großen Umfangs der deutschen Auslandsinvestitionen fordert die Bundesbank, dass »Übernahmen hiesiger Firmen durch ausländische Gesellschaften aus politischen Gründen nur in Ausnahmefällen untersagt werden«. Es sollte »bedacht werden, dass heimische Unternehmen bei ihren Auslandsinvestitionen ... ebenfalls eingeschränkt werden können«. (ebd.)

Das wäre besonders misslich im Fall China, insbesondere mit Blick auf die Bestände der Direktinvestitionen von und nach Deutschland.

Die Top Ten der Zielländer deutscher Investoren werden mit weitem Abstand von den USA angeführt. Auf sie entfallen mit 1.315 Milliarden Euro fast 30 % aller deutschen Direktinvestitionen. Nach Großbritannien folgt China mit 90 Milliarden Euro bereits auf Platz 3. (Luxemburg zählt hier nicht – es ist dank seiner Bankregularien ein bevorzugter Umschlagplatz des Kapitals, kein Standort tatsächlicher materieller Investitionen). Bei den weit geringeren Direktinvestitionen in Deutschland findet sich China nicht einmal unter den Top Ten. Auf die 594 Milliarden Euro Bestand an Direktinvestitionen entfallen 1,2 % auf China. Auf europäische Länder entfallen 80 %, auf die USA 11,8 %. (Deutsche Bundesbank, 6.5.2022) Die anlässlich des Streits um die Cosco-Beteiligung am Hamburger Hafen vorgebrachte Forderung, es müsste endlich Reziprozität in den Beziehungen China-Deutschland einziehen, ist hinsichtlich der Direktinvestitionen ein dreister Vorbehalt. Die angeführten Zahlen beziehen sich auf 2020. Seitdem hat vor allem die deutsche Autoindustrie einen Investitions-Run auf China hingelegt. Sollte China einem deutschen Mitmachen des US-Sanktionsregimes entsprechend antworten, wäre es um deutsche Auslandsmilliarden und um hiesige Arbeitsplätze in den jetzigen Vorzeigeindustrien geschehen – in gewaltigen Dimensionen.

Auch Russland, das bei den Importen an 13., bei den Exporten an 15. Stelle stand (deutsches Außenhandelsdefizit: 6,8 Milliarden Euro), exportiert mehr nach Deutschland, als es von dort abnimmt. Außerhalb der EU war Russland der viertwichtigste Importpartner und der fünftwichtigste Abnehmer deutscher Waren. Doch war die Warenverteilung völlig anders als bei China. Die wichtigsten Exportgüter nach Russland waren Maschinen, Kraftfahrzeuge und Kfz-Teile, die alles überragenden Waren aus Russland waren Erdöl und Erdgas (75% aller russischen Importe). Das entsprach vollkommen dem Muster »hochentwickeltes zu noch zu transformierendem Land«. Ein solches Verhältnis kommt dem Land mit der höheren Arbeitsproduktivität entgegen, doch das Beispiel China zeigt, dass sich die Verhältnisse im Lauf der nachholenden Entwicklung des »Südens« ändern können und sich die Wettbewerbsbedingungen zugunsten des »südlichen« Konkurrenten zu verändern beginnen.

Drittens: Es war nicht nur die innovative Potenz von Wissenschaft und Wirtschaft, die der Exportmacht Deutschland auf die Sprünge half, es war vor allem auch der niedrige Preis, zu dem Russland die nötige Energie lieferte. Je höher der technologische Entwicklungsstand einer Industrie, desto größer ist deren Energiebedarf. Und Deutschland bezog die Energiestoffe aus Russland, und es bezog sie zu konkurrenzlos niedrigen Preisen.

Laut Bundesministerium für Wirtschaft und Klimaschutz bezog Deutschland bis 2022 35% seines Erdöls, 50% seiner Steinkohle und 55% seiner Erdgaslieferungen aus Russland. (BMWK 2022b, Erster Fortschrittsbericht Energiesicherheit, 25.3.2022)

Die Preise fingen ab Januar 2021 an zu steigen, um dann im Februar 2022 mit der russischen Invasion und den Sanktionen in die Höhe zu schießen. Der Erdölpreis verdoppelte sich, ebenso das leichte Heizöl. Superbenzin und Diesel erhöhten sich um 40 beziehungsweise 70%. Die Preise für leichtes Heizöl, Gas bei Abgabe an Industrie und an Verbraucher explodierten am Markt auf bis zu 500% Erhöhung; im Oktober 2022 waren es immer noch 300% Preissteigerung. Bei den Verbrauchern und bei der Industrie betrug die Zunahme – ohne Umlage – 100% (destatis, Daten zur Energiepreisentwicklung – Lange Reihen bis Januar 2023).

Deutschland hat mit dem Sanktionskrieg gegen Russland einen wichtigen Pfeiler seiner Export-Vormachtstellung zertrümmert. Zukünftig wird Deutschland Flüssiggas vor allem bei US-Fracking-Firmen kaufen, wofür die Neuanlage von Flüssiggasterminals notwendig ist. Diese Milliardenkosten kommen hinzu, ebenso wie die Frachtkosten für die Spezialschiffe, was selbst dann einen Wettbewerbsnachteil bedeutet, wenn die US-Firmen an deutsche Abnehmer zu denselben Preisen liefern wie an die aus dem eigenen Land.

Viertens: Zu diesen drei Faktoren – hohes technologisches Niveau, China als Handelspartner und als Ort für Investitionen (local-to-local), billige Energie aus Russland – kommt noch ein vierter wesentlicher Faktor: die »Lohnzurückhaltung« der deutschen Beschäftigten. Von 2000 bis 2020 haben die Deutschen »aufgrund hoher Inflationsraten und nur geringer Lohnsteigerungen ... heute weniger Geld im Portemonnaie als noch im Jahre 2000«. (Zinke 2020)

Die Nominallöhne sind zwischen 1991 und 2019 um 60,7% gestiegen, da in dieser Zeit aber die Verbraucherpreise um 48,1% anzogen, beträgt die Zunahme der Reallöhne in diesen 30 Jahren 12,6%, also nur 0,4% pro Jahr. Zwischen 2000 und 2009 war sogar ein ständiges Sinken der Reallöhne zu beobachten. (ebd.)

In derselben Zeit stieg die Arbeitsproduktivität preisbereinigt (Indexjahr 2015 = 100) von 81,34 auf 102,29, also um 25,8%. Die Beschäftigten erhielten nicht mal die Hälfte des Wertzuwachses, den sie erarbeitet hatten. Dies war ein unschlagbarer Kostenvorteil der deutschen Unternehmen im internationalen Wettbewerb. Gleichzeitig verlagerten sie die arbeitsintensivsten Teile ihrer Produktion in die Niedriglohnteile ihrer internationalen Liefer- bzw. Produktionsketten.

Billige Energie, billige Arbeit, relativ freier Zugang zu den größten Märkten, völlig freier Zugang im Euroraum, dazu eine stete Verbilligung des Euro, was deutsche Waren außerhalb des Euroraumes noch mal billiger machte (das erste Mal geschah bei der Umstellung von D-Mark auf Euro, der relativ billiger war als die Deutsche Mark) – das deutsche Geschäftsmodell stand auf festem Fundament, ein Glücksfall für Unternehmer und sonstige Kapitalisten und auch ertragreich für die besser entlohnten Beschäftigten in den bedeutendsten Exportindustrien.

Deutschland nach der Zeitenwende

Das kapitalistische System produziert wiederkehrende Krisen und in seinen höchsten Stufen die Tendenz zu langfristiger Stagnation. Die Globalisierung, die gewaltige Ausdehnung und das Nutzen der komparativ günstigsten Momente des internationalen Wirtschaftssystems sind ein höchst wirksames Verfahren, aus den Krisen herauszukommen und die Stagnationstendenz aufzuhalten. Die jetzt von den USA und in ihrem Gefolge vom Westen insgesamt betriebene Fronstellung gegen »systemische Rivalen« zerstört die Grundlage internationaler Kooperation über Systemgrenzen hinweg. Tatsächlich geht es gar nicht um die Systemfrage, sondern um den Versuch des Westens, mithilfe der neuen Strategie »Demokratien versus Autokratien« seine Vormachtstellung auf dem Globus zu wahren (siehe Kapitel 8). Jedenfalls schafft er es jetzt schon, die internationalen Kooperationselemente zu schwächen und Konflikte aufzuheizen. Die Folge ist nicht nur die Gefahr eines globalen, eines Weltkriegs, sondern auch eine Schwächung der eigenen wirtschaftlichen Substanz. Für Deutschland, bisher die »offenste« unter den großen westlichen Nationen, sind die Folgen gravierend.

Deutschland gerät in die Rezession: Ende 2022 freuten sich die medialen Propagandisten des Kapitalismus aus dem neoliberalen, dem liberalen und dem sozialliberalen Lager gleichermaßen: Die Prognose-Institute hätten zu schwarz gemalt, die Konjunktur sei gar nicht völlig abgerutscht, das Wachstum habe 0,4 % betragen, ein Viertel mehr als vorhergesagt, nämlich 0,3 %. Im 4. Quartal war es dann so weit: 0,0 % Wachstum, absolute Stagnation. Die amtliche Statistik hielt dagegen: im Gesamtjahr 2022 sei das BIP um 1,9 % gewachsen. Die Präsidentin des Statistischen Bundesamtes lieferte die gewünschte Deutung gleich mit: »Trotz dieser nach wie vor schwierigen Bedingungen konnte sich die deutsche Wirtschaft im Jahr 2022 insgesamt gut behaupten.« (Destatis, Presseerklärung, 13.1.2023, BIP 2022 um 1,9 % gestiegen) Am selben Tag veröffentlicht das ifo Institut die wahren Daten:

Bruttoinlandsprodukt 2021 (im Vergleich zu 2021)			
	Erwartet	Tatsächlich	Differenz
Veränderung des preisbereinigten BIP	+3,7 %	+1,9 %	-1,8 Prozentpunkte (-59 Mrd. €)
Veränderung des Realwerts des BIP	+2,6 %	-0,7 %	-3,3 Prozentpunkte (-109 Mrd. €)

Quelle: ifo Institut, 13.1.2023

Das preisbereinigte BIP drückt den Wert des BIP in den Preisen eines Basisjahres aus. Berücksichtigt man jedoch die je aktuelle Inflation, dann ist das Realeinkommen 2022 um 0,7 % gesunken. Nicht nur war das BIP-Wachstum nur halb so groß wie noch vor Beginn der Sanktionen erwartet. Die ifo-Mitteilung stellt zudem fest: »Da ein Großteil der Energie und der Vorprodukte aus dem Ausland bezogen wird und da durch ihre Verknappung die Importpreise kräftig gestiegen sind, musste ein zunehmender Teil von dem in Deutschland erwirtschafteten Einkommen zur Begleichung der Importrechnung verwendet werden«. Die wirtschaftliche Leistung blieb weit hinter den Prognosen zurück, und es ging auch noch ein größerer Teil der Wirtschaftsleistung an das Ausland. Die negativen Auswirkungen für die gesamte deutsche Wirtschaft belaufen sich auf 109 Milliarden Euro. Das sind Wohlstandsverluste in großer Dimension, spürbar sind sie vor allem bei den unteren und mittleren Einkommensschichten, die ihr Einkommen zu einem weit höheren Anteil für Lebensmittel und Energie ausgeben müssen als die reicheren Schichten. Am Tag des Entwarnungsversuchs der Präsidentin meldete das Statistische Bundesamt, dass die Erzeugerpreise landwirtschaftlicher Produkte um 31,9 % höher liegen als im Vorjahr. Die *ARD*-Sendung »Wirtschaft vor acht« informierte tags zuvor, dass die Gaspreise immer noch 300 % über denen zu Beginn der Krise liegen. Es wird der Öffentlichkeit mitgeteilt, was sie längst schmerzlich spürt, dass es ihr schlecht geht.

2023 – Rückgang von Wachstum und Wohlstand: 2023 werden wir ein »negatives Wachstum« erleben, also eine schrumpfende Wirtschaft. Für das Gesamtjahr gehen IWF, OECD und IW (Institut der Deutschen Wirtschaft) von einem Rückgang der Wirtschaft aus. Die seit Jahrzehnten zu beobachtende Stagnation mündet möglicherweise in eine Rezession (zwei und mehr Quartale hintereinander negativ). Es handelt sich nicht um eine abstrakte statistische Zahl, sondern um den massenhaften Verlust von Wohlstand – von Einkommen, von Arbeitsplätzen, von Sozialleistungen.

Für die Bezieher mittlerer und unterer Einkommen ist die Belastung wieder am höchsten. Sie müssen einen viel größeren Anteil ihres Einkommens für den alltäglichen Konsum ausgeben. Die Preise für Energie und Lebensmittel sind um mindestens das Doppelte der allgemeinen Inflationsrate gestiegen. Die Lohnerhöhungen liegen weit darunter, bei rund 5 %. Die Gewerkschaft ver.di hat für die Postbeschäftigten 15 % höhere Entgelte für 2023 gefordert. Der Deutsche-Post-Konzern – die Mehrheit der Aktien in staatlichem Besitz – hat dies als fernab jeder Realität abgetan. Es war vorauszusehen, dass ver.di, die auch von ihren Funktionären her am ehesten kampfbereite unter den großen Gewerkschaften, in dieser Auseinandersetzung die Unterstützung der veröffentlichten Meinung fehlt. Je geringer die Einkommen der Beschäftigten sind, umso größer werden die Abstriche an ihrem »Wohlstand« ausfallen.

Ein Ende finden wird die »Vollbeschäftigung«, die hierzulande ausgerufen wird, bei einer Arbeitslosenquote von drei Prozent, was rund 1,2 Millionen Menschen ausmacht.[1] Die Globalisierung hat in den USA, Deutschland und anderen westlichen Industriestaaten zu Prozessen der »De-Industrialisierung« geführt. In Deutschland waren davon bisher vor allem »Kohle & Stahl«-Regionen wie Ruhrgebiet, Saarland und die Braunkohle-Reviere am Rhein und in der Niederlausitz betroffen. Es war billiger und für das eigene Land umweltfreundlicher, die arbeits- und CO_2-intensiven Produktionen ins Ausland zu verlagern. Dieser »De-Industrialisierungsprozess« wird in dieser »Epoche« weitere Bereiche der Wirtschaft treffen, je nach dem Tempo, das die Länder des »Südens« bei ihrer Modernisierung vorlegen können. Das global mobile Kapital wird in seinen globalen Produktionsketten dorthin wandern, wo die relativ höchstproduktive Arbeit bei relativ niedrigster Entlohnung zu finden ist. Die Arbeitsproduktivität nimmt in den Transformationsgesellschaften des »Südens« schneller zu als im »Westen«. Umso mehr Arbeitsfelder werden in den Süden verlagert. Dies wird verstärkt durch die »local-to-local«-Strategie, dass die Produktionen möglichst nah am Kunden zu sein haben. Beide Tendenzen führen zu einem weiteren Abbau der Industrien im »Westen«, der auch den Dienstleistungsbereich erfassen wird, da die aufholenden Länder gerade in den Digitalisierungsbereichen besonders schnell zulegen.

Der Druck auf die Arbeitsplätze im Westen wird noch verstärkt durch die Migrationswellen, die von der globalen Blockkonfrontation vermehrt ausgelöst werden. Eine Million Menschen aus der Ukraine sind 2022 nach Deutschland gekommen; ein Vorgeschmack, worauf sich Deutschland einzustellen hat, wenn Kriege und Wirtschaftskriege entlang der globalen Front von Taiwan bis Moldawien zwischen »Demokratien« und »Autokratien« aufflammen.

---

1 Es gibt keine offizielle Definition für ›Vollbeschäftigung‹. In den frühen 2000er Jahren hat der damalige Wirtschafts- und Arbeitsminister Clement (SPD) 3 bis 5 % Arbeitslosigkeit für angemessen erklärt. Linkskeynesianer wie Rudolf Hickel sprechen von einer runden Million Arbeitslosen, die zur Vollbeschäftigung dazu gehörten: die Hälfte davon zwischen zwei Jobs, die andere Hälfte zu krank, schwach oder unqualifiziert.

7. DEUTSCHLANDS GESCHÄFTSMODELL ZERBRICHT

Deutschland verliert seinen »Export-Bonus«: Der Verlust des billigen »Russengases« und von Russland als Abnehmer von Waren und Kapital wird die deutschen Exportindustrien schwer treffen. Er wird ihre bisherigen Kostenvorteile im internationalen Wettbewerb zu einem Gutteil aufheben. Wird der Wirtschaftskrieg auf China ausgedehnt, wäre die gesamte Struktur des deutschen Wirtschaftssystems erschüttert. Das heißt nicht, dass das Land dann zusammenbrechen würde. Es würde sich auf einem Niveau wieder fangen können, das weit unter seinem bisherigen Standard läge. Vor allem die führenden Exportindustrien – Fahrzeuge, Chemie, Maschinen, Pharma – wären getroffen. Dort aber sind auch die Massen der in der Industrie Beschäftigten anzutreffen. Strukturelle Änderungen in Produktion, Beschäftigung, Einkommen, Bildung, Staatshaushalt wären die Folgen. Es wäre kein »sozialer Wandel«, es wäre eine soziale Implosion. Nicht nur würde ein großer Teil des bisherigen globalen Profitfeldes für das Kapital wegbrechen, der Konkurrenzkampf auf dem verbliebenen Feld würde schärfer werden und er müsste vom deutschen Kapital unter entschieden schlechteren Bedingungen ausgetragen werden. Ein signifikantes Schrumpfen des BIP von 10 bis 15 % wäre zu erwarten. In dem sich verschärfenden Konkurrenzkampf würden die Konflikte innerhalb des Westens zunehmen. Der im Systemkampf unangefochtener denn je dastehende Anführer USA würde sein Primat bedingungslos durchsetzen. Die EU würde unter den inneren Gegensätzen auseinanderdriften, aber formal zusammengehalten werden durch die militärische Führung in NATO und einer angestrebten militärischen Europäischen Streitmacht. Diese wird zum Beispiel in einem neuen Papier zur Außenpolitik von der SPD-Fraktion im Deutschen Bundestag gefordert. Diese alte Idee, bisher vor allem von Frankreich favorisiert, wird von der SPD-Fraktion vorgebracht als ein Element zur Stärkung der »multilateralen internationalen Ordnung«. (thepioneer.de, 9.1.2023) In der sich aufbauenden Blockordnung ist sie höchstens als Unterabteilung der NATO vorstellbar, eingefügt in die globalen Militärallianzen der USA. Blockbildung heißt im Westen vor allem

Habachtstellung vor dem Kommandogeber USA und Herunterdimmen der internen Konflikte, die sich gleichzeitig wegen der wachsenden Konkurrenz in einem kleiner gewordenen Profitfeld zuspitzen. Die neue Blockbildung führt nicht zu einer Gegenüberstellung zweier weithin festgefügter Einheiten wie im Kalten Krieg, sondern zu einem komplizierten Gefüge zweier angeblicher Systemsorten, das ständig changiert und sich im Inneren löst und neu fügt, wo »Überläufer« das Gleichgewicht stören mögen, wo aber eines stetig vorhanden ist: die Gefahr eines zunächst vielleicht lokalen Kriegs, der aber stets das Zeug in sich hat, einen Weltkrieg zu entfachen.

Wie lange Rezession und Stagnation andauern werden, hängt vor allem von der Intensität und Dauer der geopolitischen Blockbildung ab. Die USA sprechen in ihrer aktuellen »National Security Strategy« von einem Jahrzehnt des Rivalenkampfes zwischen »Demokratien« und »Autokratien«, an dessen Ende sich der von den USA angeführte Westen als Sieger herausstellen würde. Sowohl die NATO als auch die EU und die deutsche Regierung richten sich auf eine »Epoche« der Auseinandersetzungen ein.

Der »soziale Frieden« wird zerrüttet
Die Menschen im »Westen« sind ihrer sozialen Ordnungen längst überdrüssig. Seit Jahren dokumentieren Ipsos-Untersuchungen diesen Verdruss. Die neueste Untersuchung zeigt, dass 69 % der US-Bevölkerung und 62 % der deutschen der Meinung sind, ihre Gesellschaft bewege sich in die falsche Richtung. (ipsos; statista, 9.1.2023) Das Allensbacher Institut findet heraus, dass 49 % der Menschen in Deutschland überzeugt sind, dass »in unserer Gesellschaft sich oft verschiedene Meinungen unversöhnlich gegenüberstehen«. Zu den als zu oft als »kontrovers empfundenen Themen« gehören vor allem die Corona-Maßnahmen (78 %), die Einwanderungspolitik (65 %) und die Unterstützung des Ukraine-Kriegs (56 %). 43 % glauben, dass der öffentliche Diskurs da »nicht viel bringt«, weniger (41 %) meinen, Kompromisse seien möglich. Nur jeder Fünfte sieht in der öffentlichen Diskussion »viel Toleranz«, in Ostdeutschland ist

es gar nur jeder Zehnte (Allensbacher Archiv, IfD-Umfrage 12057, Juli 2022). Die Menschen sind verdrossen, sehen ihre Gesellschaften gespalten, die Meinungen stehen sich unversöhnlich gegenüber, privater und öffentlicher Diskurs führen zu keiner Lösung – was bleibt da?

Das Erstarken der nationalen Rechten gibt darauf eine besorgniserregende Antwort. In Italien, Ungarn und Polen sind rechtsnationale Regierungen am Ruder, in Frankreich und den USA sind rechte Gruppen auf dem Sprung dorthin. Trump hat die Melodie vorgesungen – »Make America Great Again«. MAGA ist das Konzept, die eigenen sozialen Mängel und Brüche sozusagen geografisch-ethnisch dem internationalen System anzulasten. Die dort draußen haben unsere Arbeitsplätze geklaut – dabei wurden die Arbeitsplätze vom eigenen Kapital ins billigere Ausland verschoben, zu Lasten der eigenen und der dortigen Bevölkerung. Die Masseneinkommen wurden dermaßen beschnitten, dass die Bevölkerung die von ihr erstellten Waren nicht kaufen konnte und das eigene Warenkontingent und die vielen importierten Waren sich mehr und mehr auf das obere Einkommenssegment richteten. Durch das Schließen der Grenzen sollen Ausländer ferngehalten, durch Protektionismus soll das Kapital wieder hereingeholt werden. Das würde ökonomisch nur Sinn machen, wenn die Masseneinkommen dem Wert der Massenproduktion gleichkämen. Eine unbillige Forderung an einen anständigen Kapitalisten und seine politischen Vertretungen. Dann müsste er auf Profit, auf arbeitsloses Einkommen verzichten. Der Kapitalismus unserer Epoche führt dazu, dass weder »America« noch andere westliche Staaten so groß bleiben, wie sie sind und waren.

Umso heftiger die Anstrengungen der Nationalisten, ihre »Alternative« an den Mann und die Frau zu bringen. In Frankreich robben sich Marine Le Pen und der Front National mit jeder Wahl näher an den Elysée-Palast heran. 2027 wird Macrons Nachfolger der »bürgerlichen Mitte« es schwer haben, inmitten von längerfristiger Stagnation und sich erhöhender Kriegsgefahr zum Präsidenten Frankreichs gewählt zu werden. In Deutschland steht 2025 eine Rechtskoalition von CDU/CSU und Grünen an, die heute schon zusammen eine Mehrheit im Parlament erzielen würden. Die Parteien rechts der SPD – Union, Grüne, AfD, FDP – kämen auf 71 % der Sitze, auch eine Koalition von Union, FDP und AfD hätte noch eine Mehrheit. Zu dieser Konstruktion, die von Ferne an das ›von Papen-Hitler-Arrangement‹ denken lässt, wird es derzeit wohl kaum kommen, weil die Union damit das letzte Hindernis zwischen »bürgerlichen« Wählern und der AfD einreißen und sich damit selbst strangulieren würde. Die FDP kann da nicht zustimmen, weil sie die Fahne der »individuellen Freiheit« endgültig einrollen müsste. In Deutschland läuft es also auf eine schwarz-grüne Koalition hinaus, vielleicht mit freundlicher Unterstützung durch die FDP. Bellizisten unter sich, an der Regierung in der zweitgrößten Macht der NATO. Die größte, die USA, hätte dann womöglich Ron DeSantis oder einen anderen Trump-Erben als ›großen Bruder‹ im Weißen Haus. Angesichts der kriegsgeladenen Blockkonfrontation keine angenehme Aussicht.

Kapitel 8

»Demokratien gegen Autokratien« – die neue Formel des westlichen Hegemonieanspruchs

Der totalitäre Anspruch der US-Regierung
Präsident Biden formuliert in seiner Einleitung zur »Nationalen Sicherheitsstrategie« deren Hauptpunkte folgendermaßen (Weißes Haus, Oktober 2022):

1. Die Welt steht an einem Wendepunkt. Wie die USA auf die enormen Herausforderungen und die beispiellosen Möglichkeiten von heute reagieren, wird die Richtung der Welt und Sicherheit und Wohlstand des amerikanischen Volkes auf Jahrzehnte hinaus bestimmen.
2. Wir sind inmitten einer strategischen Auseinandersetzung um die Zukunft der internationalen Ordnung. Wir werden im engsten Zusammenwirken mit unseren Partnern und allen, die unsere Interessen teilen, darum kämpfen, dass unsere Werte siegen – wir werden unsere Zukunft nicht denen überlassen, die unsere Vision einer freien, offenen und sicheren Welt nicht teilen.
3. Diesen Kampf werden die USA anführen. »Die Notwendigkeit für amerikanische Führung ist so groß, wie sie jemals gewesen ist ... Keine Nation ist besser in der Lage, mit Stärke und klarem Ziel zu führen als die Vereinigten Staaten von Amerika.«
4. Gegner Nr. 1 ist die Volksrepublik China, die »die Absicht hegt und in wachsendem Maß die Fähigkeit hat, die internationale Ordnung so umzuformen, dass sie das globale Spielfeld zu ihren

Gunsten gestaltet«. Gegner Nr. 2 ist Russland, das mit seinem Angriff auf die Ukraine den Frieden in Europa zerstört habe und überall Instabilität verbreite. »Die Autokraten machen Überstunden, um die Demokratie zu unterminieren und ein Regierungsmodell zu exportieren, dessen Kennzeichen Unterdrückung nach innen und Zwang nach außen sind.«

5. Die USA haben um den Globus ein beispielloses Netzwerk von Allianzen und Partnerschaften gelegt, um diese Auseinandersetzung zu gewinnen. Als »Kernallianzen« werden für Europa die NATO – »ist stärker und einiger als jemals« – und für den Indo-Pazifik AUKUS (Australien, Vereinigtes Königreich, USA) genannt. Weiter aufgezählt werden EU, der Indo-Pacific Quad, das Indo-Pacific Economic Framework und die »Americas Partnership for Economic Prosperity« für Lateinamerika.

6. Die Autokraten irren, wenn sie glauben, Demokratien seien schwächer als Autokratien. Die Innenpolitik ist ein Teil dieses Kampfes. Wir werden weiter in globale Wettbewerbsfähigkeit und Anziehungskraft der USA investieren und »die Träumer und Strebsamen aus aller Welt zu uns ziehen«. Und »wir werden weiter zeigen, wie Amerikas dauerhafte Führung sich den Herausforderungen von heute und morgen stellt«.

Bidens Einleitung schließt mit dem Satz: »Ich bin mehr denn je überzeugt, dass die USA alles haben, was nötig ist, um den Wettbewerb um das 21. Jahrhundert zu gewinnen. Es gibt nichts, was jenseits unserer Fähigkeiten ist.«

Russland »ruinieren«, dann alle Rohre auf China: Diese größenwahnsinnige Einschätzung des »auserwählten Volkes«, als das die politische Elite der USA seit den Gründertagen die US-Amerikaner sieht, zieht sich durch das gesamte Dokument. Interessant und bestürzend sind die Präzisierungen der weihevoll formulierten Imperative des Präsidenten. Für das internationale System hat zu gelten, »die Länder müssen ihre eigene auswärtige Politik frei bestimmen«. Letzten Endes gehe es darum, »dass die globale Wirtschaft auf

8. »DEMOKRATIEN GEGEN AUTOKRATIEN«

einem gleichen Spielfeld (level playing field) stattfindet und Möglichkeiten für alle vorsieht«. (ebd., S. 6) Die Staaten müssen nicht selbst demokratisch sein oder werden, sie müssen aber im Lager der »Demokratien« stehen.

Dass es neben der Blockrivalität noch andere grundlegende Probleme wie »Klimawandel, Nahrungsmittelunsicherheit, Infektionskrankheiten, Terrorismus, Energieknappheiten oder Inflation« gibt, wird ohne weiteres konstatiert, um es sofort in die militante Blockstrategie einzubetten: »Wir müssen klaren Auges sehen, dass diese Herausforderungen innerhalb der internationalen Wettbewerbsumgebung angegangen werden müssen«. Der »geopolitische Wettbewerb ... macht die Kooperation immer schwieriger und fordert von uns, über neue Wege nachzudenken und zu handeln«. Auch die Menschheitsprobleme stellt das »Sicherheitskonzept« unter das Ziel, »unsere Rivalen zu besiegen«. Russland stelle »eine unmittelbare Gefahr für das freie und offene internationale System dar, wie der brutale Angriffskrieg gegen die Ukraine« gezeigt habe. »Im Gegensatz dazu ist die Volksrepublik China der einzige Wettbewerber, der sowohl die Absicht hat, die internationale Ordnung umzuformen, wie zunehmend die ökonomische, diplomatische, militärische und technologische Macht, diesem Ziel näherzukommen.« (ebd., S. 8) Die ausführliche Bekräftigung der Worte des Präsidenten – das ist das Mantra dieses »Sicherheitskonzepts«: Russland »ruinieren«, wie Frau Baerbock brav nachplappert, dann alle Rohre auf die Volksrepublik China, die das Zeug dazu hat, die Dominanz der westlichen Welt über das internationale System zu brechen.

Das Konzept drückt Verständnis aus für die Sorgen »in einigen Teilen der Welt, die sich unbehaglich fühlen mit dem Wettbewerb zwischen den Vereinigten Staaten und den größten Autokratien der Welt«. Auch die USA wollten keine »Welt rigider Blöcke«. Es ginge nur darum, dass alle Länder eine freie Entscheidung in ihrem eigenen Interesse treffen können. Natürlich eine freie Entscheidung für eine »freie Welt«, als deren Anführer sich die USA sehen. »Das ist der entscheidende Unterschied zwischen unserer Vision, die darauf abzielt, die Autonomie und die Rechte der weniger mächtigen Staaten zu wahren, und der unserer Rivalen, die das nicht tut.« (ebd., S. 9) Das muss den Völkern noch mal genauer erklärt werden, denen von Kuba, Vietnam, Chile, Nicaragua, Jugoslawien, Afghanistan, Irak, Libyen, Jemen – damit sie wissen, wie die Bomben oder Terroranschläge der USA oder ihrer Verbündeten auf ihr Land in Wirklichkeit gemeint waren und gemeint sind.

»Linien« und »Pfeiler« der neuen US-Strategie: Um diese Welt zu erreichen, »die frei ist von Aggression, Zwang und Einschüchterung«, verfolgen die USA »drei Linien der Anstrengung«: 1) in die Quellen und Instrumente der Macht und des Einflusses der USA zu investieren; 2) die stärkstmögliche Koalition von Nationen zu bilden, die den gemeinsamen Einfluss auf die globale strategische Umgebung stärkt und gemeinsame Herausforderungen bewältigt; und 3) das US-Militär zu modernisieren und zu stärken, »sodass es ausgerüstet ist für die Ära des strategischen Wettbewerbs mit größeren Mächten«.

Die Totalmobilmachung aller Kräfte für die globale Auseinandersetzung »baut auf mehreren Pfeilern« auf: 1) Die USA heben die Trennungslinie zwischen Außen- und Innenpolitik auf. Der gemeinsame Wohlstand im Inland muss Hand in Hand gehen mit der Formung der internationalen Ordnung »in Übereinstimmung mit unseren Interessen und Werten«. Die Innovationskraft des privaten Sektors muss deshalb verbunden werden mit einer modernen staatlichen Industriestrategie, die besonderes Gewicht legt auf die modernsten Technologien wie »Mikroelektronik, hochentwickelte Computertechnik, Biotechnologie, Technologien sauberer Energie und modernste Telekommunikation« (ebd., S. 11). 2) Die Allianzen und Partnerschaften rund um die Welt »sind unser wichtigstes strategisches Asset und ein nicht wegzudenkendes Element des Beitrags zu internationalem Frieden und Stabilität«. Besonders wichtig ist die wachsende Zusammenarbeit zwischen den Partnern im Indo-Pazifik und in Europa. »Wir erkennen, dass sie sich gegenseitig bestärken und dass die Schicksale der beiden Regionen eng miteinander verwoben sind ... Wenn eine Region ins Chaos abgleitet oder von einer feindlichen Macht dominiert wird, wird dies unsere Interessen in den anderen fundamental treffen.« (ebd.) 3) Es wird unterstrichen, dass die Volksrepublik China »Amerikas konsequenteste geopolitische Herausforderung ist«. Russland ist eine unmittelbare und andauernde Gefahr für die Stabilität, »aber ihm fehlen die umfassenden Fähigkeiten der Volksrepublik China«. Es gibt andere »kleinere autokratische Mächte, die ebenfalls auf Aggression und Destabilisierung hinwirken«. Genannt werden der Iran und Nordkorea. (ebd., S. 11f) 4) Die USA wollen die Welt aber nicht »nur durch die Brille des strategischen Wettbewerbs sehen«, sondern sich auch für regionale Zonen von Frieden und Wohlstand einsetzen. Herausgehoben werden der Mittlere Osten, Afrika und Lateinamerika. Vor allem in der letzteren Region wollen die USA »wirtschaftliche Widerstandskraft, demokratische Stabilität und Sicherheit der Bürger voranbringen«. (ebd., S. 12) 5) Die Globalisierung hat immense Vorteile für die USA und die Welt gebracht, »aber jetzt ist eine Justierung nötig, um es mit den dramatischen globalen Wandlungen aufzunehmen wie der sich ausweitenden Ungleichheit innerhalb der Länder und zwischen ihnen, der Herausbildung Chinas als sowohl unserem logischen Wettbewerber als auch einem unserer größten Handelspartner, und den aufkommenden modernen Technologien außerhalb der jetzt bestehenden Regelwerke«. Deshalb wollen die USA jenseits der traditionellen Freihandelsabkommen neue wirtschaftliche Arrangements bilden, engere Verbindungen der jeweiligen nationalen Wirtschaft mit der US-Wirtschaft wie im Indo-Pacific Economic Framework (IPEF) aufbauen; eine globale Mindeststeuer soll eingeführt werden, sodass alle Unternehmen ihren fairen Anteil an Steuern zahlen, wo auch immer in der Welt sie ihre Basis haben; die Partnership for Global Investment and Infrastructure (PGII – das späte und kleinere US-Gegenstück zur Belt & Road-Initiative Chinas), das auf Niedrig- und Mitteleinkommen-Länder zielt; die Regeln für die modernen Technologien, für Handel und Wirtschaft generell sollen modernisiert werden; und es soll abgesichert werden,

dass »der Übergang zu sauberer Energie wirtschaftliche Gelegenheiten eröffnet und gute Jobs in aller Welt schafft« (ebd.)
Abschließend: »Die Welt ist an einem Wendepunkt. Dieses Jahrzehnt wird entscheidend sein.«

Fassen wir den Kern dieses Konzepts zusammen:

- Die USA sind die eine unverzichtbare Nation an der Spitze des Blocks von »Demokratien«. Diesem stehen gegenüber die »Autokratien«, an deren Spitze China steht, dahinter Russland.
- In diesem Jahrzehnt wird ausgefochten, wer das internationale System bestimmt. Es kann nur einen Sieger geben, den USA-Block.
- Dieser Sieg ist nicht leicht zu erringen. Alle Kräfte müssen mobilisiert werden, wirtschaftlich, politisch, militärisch. Die Wirtschaft muss im wirtschaftlichen Wettbewerb siegen, sie muss eingerichtet werden unter dem Gesichtspunkt der globalen Rivalität. Bündnisse müssen unter eben dieser Orientierung organisiert werden. Das Militär muss ausgebaut werden, Krieg ist keineswegs ausgeschlossen, er gehört zur Planung. Einschließlich des Atomkrieges, den die USA in Europa auch die Bundeswehr üben lassen.
- Die Menschheitsprobleme wie Klimaerwärmung, Pandemien, Atomunfälle oder -kriege müssen ebenfalls unter der Maßgabe des globalen Kampfs der Systeme angegangen werden.
- Es kommt in letzter Instanz nicht auf »unsere Werte« an, sondern darauf, ob ein Land sich zur »regelbasierten Ordnung« des Westens bekennt. Dann ist es im USA-Block willkommen.
- Eigentlich aber, sagen die USA, wollen sie gar keine Blockbildung. Sie bilden ein System rund um den Globus, bei dem sie in jedem einzelnen regionalen Bündnis die unbestrittene Vormacht sind. Ziel ist ausdrücklich, die Teilelemente zu einer festeren, geschlossen vorgehenden Formation zu fügen. In Wahrheit bemühen sich die USA kaum, die Tatsache zu verhüllen, einen Block des Westens zu bilden, dessen unbestrittene Vormacht sie sind, die strikte Disziplin von »Partnern« und Abhängigen verlangt.

8. »DEMOKRATIEN GEGEN AUTOKRATIEN«

Ausgangspunkt: Die neoliberale Globalisierung ist am Ende
Die offizielle Strategie der USA geht von der Erkenntnis aus, dass das bisherige Konzept der neoliberalen Globalisierung gescheitert ist. Die Unipolarität der Welt, die Dominanz der USA würde dafür sorgen, dass der »Freihandel« die »westlichen Werte« überall hin exportieren würde und die nachholenden Schwellenländer die arbeitsintensiven Produktionsabschnitte komplementär zu den fortgeschrittenen westlichen Ländern übernehmen würden, die sich auf die modernsten, hochproduktiven Teile der globalen Produktionsketten konzentrieren würden. Im Zuge der Industrialisierung würden die Schwellenländer zu westlichen Demokratien. (Friedman 2007) Beides schien zunächst auch am zentralen Beispiel China aufzugehen. Millionen Arbeitsplätze verschwanden aus den USA und erstanden neu, vor allem im kostengünstigeren China. Dort wurde der Anteil des privaten Kapitals immer größer. Doch änderte sich dies mit der Übernahme der Führung von Kommunistischer Partei und Staat durch die Xi-Mannschaft. In den letzten Jahren wuchs wieder der Anteil des staatlichen Eigentums, und vor allem wurde der Zugriff des Staates auf die kapitalistischen Unternehmer immer enger. Das politische System entwickelte sich keineswegs hin zu den »westlichen Werten«, sondern ganz im Gegenteil, 15-mal Marx und nur 3-mal Markt, wie der aufmerksame Beobachter im Dienst des deutschen Kapitals bei Xis Rede auf dem Parteitag der KP im Jahr 2022 beobachten musste. Aber nicht nur auf dem politischen, auch auf dem wirtschaftlichen Feld erfüllten sich die Erwartungen der westlichen Globalisierungsstrategen nicht. China blieb nämlich nicht stehen bei seiner Rolle als billiger Arbeitslieferant für die weniger produktiven Teile der Produktion, sondern wurde schnell zu einem internationalen Wettbewerber auch für manche der modernsten Produkte. China hat mehr internationale Patenanmeldungen als die sechs größten europäischen Länder zusammen und sein Innovationstempo ist zehnmal schneller als das der USA. (Schuhler 2020, S. 64) Arbeitsplätze, die von Multis jetzt verlagert werden, gehören auch zu modernsten Produktionsverfahren. Apple, der Gi-

gant der Kommunikationsindustrie, hat in China nicht nur seinen größten Markt, sondern auch seinen größten Produktionsstandort. (Fazi 2023a) Dasselbe gilt auch für Volkswagen, das von Produktion und Absatz eher ein chinesisches als ein deutsches Unternehmen darstellt.

Die Biden-Regierung zielt auf diese Verlagerung, wenn sie versucht, die protektionistische Politik des Vorgängers Trump noch zu übertreffen.

Wenn sich heute viele der fortgeschrittenen Länder auf »ortsgebundene Wirtschaft«, auf ein Entkoppeln von globalen Lieferketten einstellen, geschieht dies nicht nur in Folge internationaler Spannungen und Unsicherheiten, sondern auch weil sich die Qualifikationsniveaus zwischen »Norden« und »Süden« bei einigen wichtigen Ländern annähern. Und weil sich infolgedessen die Machtverhältnisse im internationalen System geändert haben und weiter ändern. Die USA und der Westen können die »terms of trade«, die Handels- und Austauschbedingungen nicht mehr diktieren, sie müssten sich auf gleichberechtigte internationale Kooperation, auf Multilateralismus einstellen. Dann müssten sie internationale Kooperation akzeptieren oder selbst anstreben, in der es um den gemeinschaftlichen Vorteil für alle geht und nicht um das Übertrumpfen und »Ausstechen« des anderen.

Doch in einem historischen Moment, der eine Wende hin zur engen und entschlossenen Kooperation aller Nationen zur gemeinsamen Bewältigung der universalen Probleme der Menschheit verlangt, wollen die USA alle menschlichen und natürlichen Ressourcen unter dem Gesichtspunkt eines antagonistischen globalen Wettbewerbs nutzen. Sie kalkulieren die Möglichkeit eines Atomkrieges ein, Präsident Biden sagte jüngst, wir stünden vor einem Armageddon, der letzten irdischen Schlacht gegen die Kräfte des Bösen. Selbst wenn es nicht zur atomaren Katastrophe käme, würde die Realisierung dieses Konzepts – alle Kräfte auf den globalen Rivalenkampf auszurichten – das Ende der menschlichen Zivilisation bedeuten. »Der Verlust der biologischen Vielfalt, die Versauerung der Ozeane, die Störung des Stickstoff- und Phosphorkreislaufs, der Verlust der Bodenbedeckung, das Schwinden der Süßwasserressourcen und die chemische und radioaktive Verschmutzung sind Beispiel für Prozesse, die das Potenzial haben, eine unaufhaltsame Kette von Ereignissen in Gang zu setzen, die die Welt, wie wir sie kennen, radikal verändern werden.« (junge Welt, 14.1.2023) Ob es der Klimawandel ist oder aufeinanderfolgende Pandemien, Vergiftung der Umwelt oder Überwindung von Hunger und Armut, alles sind Probleme, die von der Menschheit nur kooperativ und nicht im antagonistischen Wettbewerb gelöst werden können. Die entwickelten westlichen Länder in Hochrüstung und Militarisierung hineinzutreiben, bedroht deren Zukunft, denn ihre Politik müsste sich richten auf sozialen Ausgleich und fairen Austausch mit anderen statt auf weitere Trennung in wenige Reiche und viele Arme, müsste zielen auf die Transformation in solidarische, nachhaltige, zivilwissenschaftsintensive Gesellschaften und Zusammenarbeit in einer gemeinsam zu bewirtschaftenden und zu pflegenden Welt. Innenpolitisch wie international ist dies das Gebot der Stunde. Die Strategie der USA will Partner und Rivalen in genau die andere Richtung zwingen.

Die Übernahme des Konzepts durch Deutschland, EU und NATO
Das strategische Konzept der Biden-Regierung war von Biden und seiner Mannschaft schon vor dem Ukraine-Krieg festgelegt worden. Die »Guidances«, die im Grunde dieselben Ziele ausdrücken, waren eine Woche vor der russischen Invasion in die Ukraine veröffentlicht worden. Schon im Wahlkampf 2020 hatte Biden die Auseinandersetzung »Demokratien gegen Autokratien« zu seiner außenpolitischen Grundformel gemacht. Es konnte deshalb nicht überraschen, dass die neue deutsche Regierung in ihrem Koalitionsvertrag die Hauptlinien des US-Konzeptes geradezu beflissen wiederholte. (Koalitionsvertrag 2021-2025)

Der zentrale Absatz im Abschnitt »Außen, Sicherheit, Verteidigung, Entwicklung, Menschenrechte« lautet: »Die strategische

Souveränität Europas wollen wir erhöhen. Ziel ist eine multilaterale Kooperation in der Welt, insbesondere in enger Verbindung mit denjenigen Staaten, die unsere demokratischen Werte teilen. Dabei geht es auch um den Systemwettbewerb mit autoritär regierten Staaten und eine strategische Solidarität mit unseren demokratischen Partnern.« (ebd., S. 113) Die deutschen Koalitionsparteien bekräftigen die Teilung der internationalen Ordnung in zwei Blöcke; unter »multinationaler Kooperation« verstehen sie ein größeres Gewicht Europas gegenüber den USA in der »regelbasierten internationalen Ordnung« (ebd., S. 114). Damit der Große Bruder USA das aber bitte nicht missversteht, schiebt man hinterher: »Wir streben eine enge transatlantische Abstimmung in der China-Politik an und suchen die Zusammenarbeit mit gleichgesinnten Ländern, um strategische Abhängigkeiten zu reduzieren.« Die Beziehungen mit China müsse man nämlich »in den Dimensionen Partnerschaft, Wettbewerb und Systemrivalität gestalten«. (ebd., S. 124) Deutschland warnt China, dass »eine Veränderung des Status Quo in der Straße von Taiwan nur friedlich und im gegenseitigen Einvernehmen erfolgen (darf)«. Hier wird Taiwan zu einem gleichgewichtigen Gegenüber der Volksrepublik China hochgedeutet, während die »Ein-China-Politik«, die völkerrechtlich vorgegeben ist, genau das Gegenteil besagt: Taipeh/Formosa/Taiwan ist Teil der Volksrepublik, die autonom im Rahmen des Völkerrechts die Beziehung zur abtrünnigen Insel praktiziert. Provokant setzen die Koalitionsparteien noch einen drauf und verlangen die »Teilnahme des demokratischen Taiwan in internationalen Organisationen«. (ebd., S. 124) Auch meinen sie, dass »dem Prinzip ›Ein Land – zwei Systeme‹ in Hongkong wieder Geltung verschafft werden (muss)«. Nur ist dieses Prinzip eben aufgehoben worden durch den Vertrag von Großbritannien mit China zur Überführung Hongkongs in die Unabhängigkeit und Rückkehr in die Volksrepublik. Hongkong ist jetzt Teil dieser Volksrepublik China, wo keine zwei Systeme stattfinden, sondern zum Kummer der westlichen Beobachter vor Ort nur eines, mit »mehr Marx als Markt«. (siehe weiter vorne, Kapitel 2, zweiter Abschnitt)

8. »DEMOKRATIEN GEGEN AUTOKRATIEN«

Von der zaghaft vorgebrachten »strategischen Souveränität« Europas ist seit dem Ukraine-Krieg in keinem der westlichen Dokumente mehr die Rede. Im neuen »Strategischen Konzept« der NATO 2022 wird die ganze Welt zum potenziellen Einsatzgebiet erklärt. »Der strategische Wettbewerb, die andauernde Instabilität und wiederkehrende Schocks definieren unsere breitere Sicherheitsumgebung. Die Drohungen, denen wir uns gegenübersehen, sind global und miteinander verknüpft.« (NATO 2022, S. 3) Die Zweiteilung der Welt nach Vorgabe der US-Strategie wird nahtlos übernommen. »Autoritäre Akteure fordern unsere Interessen, unsere Werte und die demokratische Lebensweise heraus ... Diese Akteure stehen auch an vorderster Front einer überlegten Anstrengung, unsere multilateralen Normen und Einrichtungen zu unterminieren und autoritäre Regierungsmodelle zu fördern.« (ebd., S. 3) Auch in Sachen Hauptfeind sieht es die NATO haargenau so wie der Taktvorgeber aus Washington: »Der Volksrepublik Chinas erklärte Ziele und ihre Zwangspolitiken fordern unsere Interessen, Sicherheit und Werte heraus. Die Volksrepublik unterhält ein breites Spektrum politischer, wirtschaftlicher und militärischer Werkzeuge, um ihren globalen Fußabdruck zu vergrößern und ihre Macht auszuweiten, während ihre Strategie, ihre Absichten und ihr militärischer Aufbau undurchsichtig bleiben. Ihre bösartigen hybriden und Cyber-Operationen und ihre konfrontative Rhetorik zielen auf Alliierte und verletzen die Sicherheit der Allianz ... Die sich vertiefende strategische Partnerschaft zwischen der Volksrepublik China und der Russischen Föderation und ihre sich gegenseitig verstärkenden Versuche, die regelbasierte internationale Ordnung zu unterlaufen, richten sich gegen unsere Werte und Interessen.« (ebd., S. 5)

Die beiden Schurkenstaaten erster Ordnung sind benannt, fehlt noch der Gute im globalen Wettstreit: »Die NATO ist das einzigartige, wesentliche und nicht wegzudenkende Forum, um einander zu konsultieren, um zu koordinieren und zu handeln in allen Angelegenheiten, die mit unserer individuellen und kollektiven Sicherheit zu tun haben.« (ebd., S. 3) Das ist das Gegenteil vom »Hirntod« der

NATO, wie ihn Frankreichs Präsident Macron drei Jahre zuvor festgestellt hat. Die NATO ist einiger denn je, die Führung der USA so unbestritten wie zu Zeiten des ersten Kalten Krieges.

Da dieser neue Kalte Krieg auf allen Ebenen geführt wird, Krieg und Wirtschaftskrieg stets zusammengehören und zusammenwirken, hat die NATO mit der EU eine gemeinsame Erklärung herausgegeben, worin das Mantra der neuen »Sicherheitsstrategien« wortgenau wiederholt wird: »Autoritäre Akteure stehen unseren Interessen, Werten und demokratischen Prinzipien entgegen, indem sie verschiedene Mittel benutzen – politische, wirtschaftliche, technologische und militärische. Wir leben in einer Ära wachsenden strategischen Wettbewerbs. Chinas wachsende Durchsetzungskraft und Politik stellen uns vor Herausforderungen, die wir angehen müssen.« (Joint Declaration on EU-NATO Cooperation, 10.1.2023)

Die deutsche Regierung, die EU, die NATO folgen bisher der von Washington vorgegebenen großen Linie. Wie lange diese Gefolgschaftstreue zur US-Führungsmacht anhält, wird abhängen von den weiteren Kosten, die Kriege und Wirtschaftskriege den Menschen und Volkswirtschaften der »Alliierten und Partner« der USA noch zumuten. Und vom Widerstand der Betroffenen – klar zeigt sich der enge Zusammenhang der sozialen, der Umwelt- und der Friedensfrage. Höchste Zeit, dass die Kräfte, die Bewegungen, die sich auf diesen Feldern für die humane Seite einsetzen, endlich zueinander finden.

Kapitel 9

Die wahre Zweiteilung:
Reiche Welt gegen Arme Welt

**Von der Aufteilung der Welt unter
den imperialistischen Staaten zum internationalen Klassenkampf**
Die Teilung der Welt in zwei Blöcke, die sich bilden, sich auflösen, um sich in neuer Form wieder zu finden, zieht sich durch die Weltgeschichte seit der Oktoberrevolution 1917 in Russland. Auch vorher hatte es natürlich schon Allianzen gegeben, doch die neuen Formen bauten auf einem spezifischen Klassenantagonismus, den Rosa Luxemburg 1912 so beschrieben hat: »Die kapitalistische Akkumulation hat somit als Ganzes, als konkreter geschichtlicher Prozess, zwei verschiedene Seiten. Die eine vollzieht sich in der Produktionsstätte des Mehrwerts – in der Fabrik, im Bergwerk, auf dem landwirtschaftlichen Gut – und auf dem Weltmarkt. ... Die andere Seite der Kapitalakkumulation vollzieht sich zwischen dem Kapital und nichtkapitalistischen Produktionsformen. Ihr Schauplatz ist die Weltbühne. Hier herrschen als Methoden Kolonialpolitik, internationales Anleihesystem, Politik der Interessensphären, Kriege.« (Luxemburg 1975, S. 397) Luxemburg konstatierte, dass, so wie die ursprüngliche Akkumulation des Kapitals auf der Expropriation von Kleinbürgern und Bauern beruhte, die erweiterte Reproduktion die ständige Expansion im »heterogenen Milieu« benötige. Sie sieht den inneren Zusammenhang der Interessen der Arbeiterklasse im entwickelten Kapitalismus und der Völker in den »rückständigen

Gebieten«, die sich gemeinsam gegen den weltweiten Kapitalismus erheben müssen, bevor der »die Tagesgeschichte der Kapitalakkumulation auf der Weltbühne in eine fortlaufende Kette politischer und sozialer Katastrophen und Konvulsionen (verwandelt), die zusammen mit den periodischen wirtschaftlichen Katastrophen in Gestalt der Krisen die Fortsetzung der Akkumulation zur Unmöglichkeit, die Rebellion der internationalen Arbeiterklasse gegen die Kapitalherrschaft zur Notwendigkeit machen werden, selbst ehe sie noch ökonomisch auf ihre natürliche selbstgeschaffene Schranke gestoßen ist«. (ebd., S. 411)

Luxemburg formulierte hier mehrere Punkte, die in der weiteren marxistischen Diskussion eine große Rolle spielten. Erstens sah sie den entwickelten Kapitalismus in »Katastrophen und Konvulsionen« abgleiten, denen zweitens die gemeinsame Front von Arbeiterklasse und kolonisierten Völkern erfolgreich entgegentreten kann. Drittens muss die Arbeiterklasse in den entwickelten Ländern zur revolutionären Tat schreiten, noch ehe »die Kapitalherrschaft auf ihre natürliche Schranke gestoßen ist«. Das war, fünf Jahre vor dem Roten Oktober, die theoretische Bestätigung der Bolschewiken, die im zaristischen Russland, einem rückständigen kapitalistischen Land, zur Revolution aufrufen. Lenin zog die entscheidenden Konsequenzen für den Internationalen Klassenkampf. Das Kapital braucht Kapitalexport, mit dem es koloniale Extraprofite erzielt. Mit diesen kann es die Oberschicht des Proletariats zuhause bestechen und so in der Arbeiterklasse imperialistische Ideologie verbreiten. (Lenin 1979a, S. 773 f) Lenin befürchtete eine Sistierung des Klassenkampfes in den entwickelten Industriegesellschaften durch die Bestechung der oberen Schichten der Arbeiterklassen und wies so implizit der nationalen Revolution in den Kolonialgebieten eine strategisch wichtige Position zu.

Hans Magnus Enzensberger teilt diese Position auch noch fünfzig Jahre später. Im Vorfeld der 68er-Rebellion schreibt er: »(Die Auseinandersetzung) wird nicht zwischen zwei Klassen von Individuen, sondern zwischen zwei Klassen von Gesellschaften ausgetragen. (Ihre) Parole vereinigt nicht die Proletarier aller Länder, sondern alle proletarischen Länder zum Kampf.« Der Arbeiterklasse bringt er nur seine fein formulierte Verachtung entgegen: »Seitdem die reichen Länder ihre internen Klassenkämpfe in den sozialistischen Ländern entschieden und in den kapitalistischen sistiert haben, fühlt sich das Proletariat mit seinen Regierungen wenigstens insoweit verbunden, als diese den Wohlstand und die Sicherheit ihrer Welthälfte zu garantieren scheinen.« (Enzensberger 1967, S. 162 u. 171)

Für die Kommunisten stand die Frage nach dem Ersten Weltkrieg völlig anders. In der Kommunistischen Internationale rangen sie zu allererst um die Frage, wozu der Rote Oktober historisch zu nutzen sei. Die große Mehrheit der europäischen und sowjetischen Delegierten prägte den zentralen Diskussionspunkt: Den einen galt der Sieg der Bolschewiki »als Fanal zum Umsturz der übrigen kapitalistischen Gesellschaften, den anderen – nach Ausbleiben der Revolution in den entwickelten kapitalistischen Ländern – als Anfang des ›Aufbaus des Sozialismus in einem Lande‹«. (Schuhler 1968, S. 47) Der europäische Bezugsrahmen bestimmte die Diskussionen, die »koloniale Frage« blieb ein Nebenthema. Der vietnamesische Delegierte Ho Chi Minh, der später die »Vietcong« zum Sieg im Befreiungskrieg gegen die USA führen und der erste Präsident des sozialistischen Vietnam werden sollte, urteilte seinerzeit, dass das, was die »kommunistischen Parteien ... (der) Staaten, deren Bourgeoisie Kolonien besitzt«, dagegen tun würden, »fast gleich Null« sei. (Steinhaus 1967, S. 13)

Während Lenin auch als Führer der UdSSR bei seiner Erkenntnis blieb, dass »die Ungleichmäßigkeit der ökonomischen und politischen Entwicklung ... ein unbedingtes Gesetz des Kapitalismus« ist und deshalb die Strategien der jeweiligen Kommunistischen Parteien variieren müssen (Lenin 1979b, S. 761), setzte sein Nachfolger Stalin in der Kommunistischen Internationale das Konzept durch, nach dem die internationale revolutionäre Bewegung nicht geschützt und vorangebracht werden könne, es sei denn, die Position der UdSSR werde weiter aufgebaut. Im Mittelpunkt des Wirkens der Kommunisten aller Länder hatte demnach das Schicksal der UdSSR zu stehen. Daneben erkannte Stalin jedoch die Kolonialländer als »das ausschlaggebende Hinterland des Imperialismus«, dessen Revolutionierung »einen entscheidenden Anstoß zur Verschärfung der revolutionären Krise im Westen geben muss«. (Stalin 1952, S. 196-200)

Die KPdSU blieb auch nach ihrem XX. Parteitag 1956, der in scharfer Form mit dem Stalinismus abrechnete und ihn abschloss, bei Stalins internationalem Kurs. Der XXII. Parteitag erklärte: »Das Beispiel des siegreichen Sozialismus revolutioniert das Denken der Werktätigen der kapitalistischen Welt, begeistert sie zum Kampf gegen den Imperialismus und erleichtert in ungeheurem Maße die Bedingungen dieses Kampfes.« (Meissner 1962, S. 50) Der Aufbau des Sozialismus in der Sowjetunion und in den übrigen weiter entwickelten sozialistischen Gesellschaften wird als der zentrale Steuerungsprozess der Weltrevolution konzipiert. Die antikolonialen Befreiungsbewegungen erfüllen die Funktion, die Beispielwirkung des »siegreichen Sozialismus« zu vertiefen, indem sie die ökonomische Krisenhaftigkeit des Kapitalismus erhöhen. Für die KPdSU kommt der Wirtschaftsaufbau der sozialistischen nationalen Gesellschaften vor der Unterstützung antikolonialer Befreiungsbewegungen und auch der Kommunistischen Parteien in den entwickelten kapitalistischen Ländern. Die Weltrevolution ist vor allem ein Ergebnis der endlichen wirtschaftlichen Überlegenheit des sozialistischen Lagers über den kapitalistischen Block. Der sozio-ökonomische Fortschritt des sozialistischen Lagers wird als identisch mit dem Prozess der Weltrevolution erklärt. Die friedliche Koexistenz zwischen Kapitalismus und Sozialismus, deren Verhältnis unverändert der Hauptwiderspruch der Epoche ist, sichert die historisch optimalen Bedingungen für diesen Aufbau.

Gegen diese Auffassung vom unveränderten Hauptwiderspruch trat sofort die KP Chinas an. Der erbitterte Disput fand statt in der »Polemik über die Generallinie der internationalen kommunistischen Bewegung« in Briefen zwischen den Zentralkomitees der beiden Kommunistischen Parteien der UdSSR und Chinas. Auf einen

Offenen Brief des ZK der KPdSU antwortet die chinesische Seite: »Das Zentrum der politischen Kämpfe ist nicht unveränderlich. Es verschiebt sich.« Da nämlich »seit Ende des Zweiten Weltkriegs die proletarische revolutionäre Bewegung in den nordamerikanischen und westeuropäischen Ländern aus verschiedenen Gründen vorübergehend abgebremst worden (ist), während die revolutionäre Bewegung der Völker in Asien, Afrika und Lateinamerika sich kraftvoll entwickelt hat, ... (hängt) die ganze Sache der Weltrevolution ... in letzter Analyse von den revolutionären Kämpfen der asiatischen und lateinamerikanischen Völker ab«. (Lin Piao 1965) »Das Hauptkampfgebiet des erbitterten Ringens der Völker der ganzen Welt« ist »der Widerspruch zwischen den revolutionären Völkern in Asien, Afrika und Lateinamerika auf der einen Seite und den Imperialisten mit den USA an der Spitze auf der anderen«. In den Ländern der damals sogenannten Dritten Welt ist deshalb »das Hauptkampfgebiet«, da »dies ... in der ganzen Welt der Raum (ist), in dem die Völker unter der imperialistischen Unterdrückung am schlimmsten leiden, und wo auch die imperialistische Herrschaft am leichtesten angreifbar ist«. (ebd.)

Die beiden Linien im Realen Sozialismus haben sich zum Teil selbst erledigt. Die sowjetische Vorstellung vom Triumph des sozialistischen Lagers in einer Ära der friedlichen Koexistenz mit dem Kapitalismus ging schon deshalb zuschanden, weil dieser seine eigenen Konzepte der Hochrüstung und Konfrontation verfolgte, die der Sowjetunion und ihrem Lager keine Kräfte ließen, unbedrängt und zügig den Sozialismus aufzubauen. Dazu traten die Versäumnisse eines bürokratischen Sozialismus, der die Talente des Volkes eher verkümmern ließ als entfachte. Die chinesische Linie musste überprüfen, ob ihre Theorie, dass der Imperialismus in den industriell weniger entwickelten Ländern »am leichtesten angreifbar« ist, bei modernster Kriegsführung noch zutrifft und ob zweitens die rebellischen Kräfte stets die Vorhut einer sozialistischen Revolution darstellen. Afghanistan, wo zunächst die USA die Mudschaheddin/Taliban gegen die sowjetische Besatzung zum Sieg hochpäppelten, um dann später den Krieg gegen sie zu verlieren, die daraufhin ein reaktionäres Regime aufziehen – das Land wäre ein Gegenbeispiel.

Seit 1990 ist die Welt in eine neue Epoche eingetreten, das sowjetische Lager ist »implodiert«, es hat die Geschäfte ohne große Gegenwehr an den imperialistischen Gegner übergeben. Während die früheren engen Verbündeten und einige frühere Sowjetrepubliken ins westliche Lager integriert wurden, hat sich in Russland ein kapitalistischer Staat in Konkurrenz zum westlichen Lager herausgebildet. Womit haben wir es heute zu tun? Mit der globalen Dominanz der Supermacht USA? Mit einer Multipolarität von kapitalistischen Staatengruppen und der neuen Großmacht China? Mit einer unübersichtlichen Fragmentierung der internationalen »Ordnung«? Mit einem neuen Kalten Krieg zwischen antagonistischen politischen Systemen?

Das neue Teil-Kriterium:
Stand der sozio-ökonomischen Entwicklung

Es gibt seit 1991 eine neue Einteilung der Welt, die sich nach dem Stand der sozialen und wirtschaftlichen Entwicklung richtet, der die Interessen der Nationen jeweils bestimmt. Eine solche Einteilung wird von mehreren internationalen Organisationen unterschiedlich vorgenommen. Die Weltbank teilt ein nach dem BIP pro Kopf in Länder mit hohem, mittlerem und niedrigem statistischem Einkommen. Der Human Development Index der Vereinten Nationen (HDI) stellt den »Index der menschlichen Entwicklung« anhand von drei Faktoren dar: der Lebensdauer als Lebenserwartung bei der Geburt; dem Bildungsniveau als Alphabetisierungsrate von Erwachsenen, Gesamteinschulungsrate der Kinder und Weiterbildung auf den verschiedenen Stufen; und dem Pro-Kopf-Einkommen in realer Kaufkraft.

Wir wollen für unsere Zwecke einteilen 1) nach dem Kriterium der wirtschaftlichen Leistung, dem Bruttoinlandsprodukt nach Kaufkraftparitäten, das über die mögliche Ausübung wirtschaftlicher Macht und das Potenzial militärischer und anderer Machtmittel Auskunft gibt; 2) nach dem Pro-Kopf-Einkommen, das das wirtschaftliche Volumen ins Verhältnis zur Bevölkerungszahl setzt – die ersten

9. DIE WAHRE ZWEITEILUNG: REICHE GEGEN ARME WELT

Stand der Entwicklung (Länder-Rangfolgen)

Land	BIP	BIP/Kopf	Gini-Index	HDI	CO_2/Kopf
China	1	99	72	79	12
USA	2	15	51	21	5
Indien	3	159	94	132	29
Japan	4	46	127	19	10
Deutschland	5	26	137	9	12
Russland	6	74	80	52	6
Indonesien	7	131	75	114	27
Brasilien	8	110	16	87	26
Frankreich	9	35	135	28	21
Großbritannien	10	36	106	18	18
Türkei	11	67	67	48	19
Italien	12	43	100	32	14
Mexiko	13	95	26	--	25
Südkorea	14	39	139	20	9
Kanada	15	33	124	15	3
Spanien	16	53	107	27	20
Saudi-Arabien	17	38	27	35	2
Iran	18	106	52	76	15
Polen	19	57	149	34	14
Australien	20	30	110	5	4

Zu den Zahlen: bei BIP/Kopf: je höher die Zahl, umso niedriger das Pro-Kopf-Einkommen; bei Gini-Koeffizient: je höher die Zahl, umso weniger groß ist die Ungleichheit der Pro-Kopf-Einkommen; bei HDI: je höher die Zahl, umso schlechter der so gemessene Entwicklungsstand; bei CO_2/Kopf: je höher die Zahl, umso geringer der Schadstoffausstoß pro Kopf.
Quellen: CIA World Factbook 2022; United Nations Development Program; International Energy Agency; AQAL Capital

zehn Plätze sind in den Statistiken vergeben an Staaten, die sich durch besondere Bank- und Steuergeheimnisse auszeichnen vom Ersten, Liechtenstein, bis zum Zehnten, den Falkland-Inseln, also besonders anziehend sind für die Betrügergemeinde der hohen Profite und Einkommen; die reale Rangliste erkennt man ab Rang 11; 3) nach dem Gini-Koeffizienten, der über das Maß der Einkommensungleichheit Auskunft gibt – je höher die Rangziffer, umso ungleicher die Verteilung; 4) nach dem Platz im Human Development Index, der Rangliste des United Nations Development Program; und schließlich 5) nach CO_2-Ausstoß pro Kopf, der die Gefährdungsintensität der Nationen für die Umwelt markiert. Die Tabelle der zwanzig wirtschaftlich umfangreichsten Nationen (siehe vorherige Seite), liefert uns erste wichtige Aufschlüsse über deren Interessen und ihr politisches Verhalten.

Das BIP pro Kopf misst annähernd den wirtschaftlichen Entwicklungsstand eines Landes, indem es dessen Wertschöpfung statistisch auf seine Einwohner verteilt. Es gibt keine ›offizielle‹ Definition für Industrie-, Schwellen- und Entwicklungsländer. Der Internationale Währungsfonds (IWF) zählt 40 Länder zu den advanced economies (fortgeschrittenen) Volkswirtschaften und 162 zu den emerging and developing economies (Schwellen- und Entwicklungsländer – zu diesen kommen noch Kuba und Nordkorea, die nicht Mitglieder des IWF sind). Im Kern geht es dem IWF und anderen Statistikerhebern um den technologischen Stand der Produktion, die Höhe der Arbeitsproduktivität, das Pro-Kopf-Einkommen, das weit größere Volumen des Industriesektors gegenüber der Landwirtschaft und die Struktur der Exportwaren (ob überwiegend Rohstoffe oder höherwertige Industriewaren). Die Türkei wird von den UN-Statistiken stets noch als Schwellen- und Entwicklungsland aufgeführt. Nehmen wir die Türkei, weltweit die Nr. 67 nach der BIP-Pro-Kopf-Liste, als Scheidemarke, ab der in industriell fortgeschrittene und weniger fortgeschrittene Länder zu unterteilen ist, dann befinden sich unter den 20 größten Volkswirtschaften acht Schwellen- und Entwicklungsländer, davon fünf unter den ersten 10. Sie haben ein enormes wirtschaftliches Gewicht, belegen die Plätze 1, 3, 6, 7 und 8.

Nimmt man den Gini-Koeffizienten als Maß der sozialen Gleichheit, dann haben die USA unter den ersten 20 Volkswirtschaften nach Brasilien und Saudi-Arabien das höchste Maß an Ungleichheit. In China, das sich als sozialistisches Land betrachtet, ist die

9. DIE WAHRE ZWEITEILUNG: REICHE GEGEN ARME WELT

Ungleichheit größer als in Indien oder Indonesien, die sich formal nach dem Muster westlicher Demokratien organisiert haben (auch im Westen sind sie »formal«). Die ›westlichen‹ Industrienationen weisen im Durchschnitt ein höheres Maß an sozialer Gleichheit auf als die weniger industrialisierten Länder.

Dasselbe gilt für den Human Development Index, das Maß »menschlicher Entwicklung«, der neben der wirtschaftlichen Produktivität Bildung und Gesundheit gewichtet. Je wirtschaftlich produktiver ein Land ist, umso höher auch das Maß an schulischer und beruflicher Ausbildung und Lebenserwartung. Dies sind zunächst ›wenn x, dann y‹-Gleichungen, keine ›weil x, dann y‹-Beziehungen. Aber es ist offenkundig, dass höhere wirtschaftliche Produktivität auch kausal höhere Ausbildung sowohl voraussetzt als auch hervorbringt. Bei der Frage von Gesundheit und Lebenserwartung ist das schon weniger offensichtlich, statistisch ist der Zusammenhang dennoch belegbar.

Ist der Zusammenhang beim wirtschaftlichen und CO_2-Ausstoß-Rang auch eher bloß statistisch oder ursächlich real? In dem Sinn, dass moderne Technologie mehr Energie verbraucht und deshalb mehr Schadstoffe ausstoße? Kanada, Australien und die USA liegen in der Verschmutzerliste mit ganz vorne, doch erster ist Saudi-Arabien, und Russland ist Sechster und China zusammen mit Deutschland auf Rang Zwölf. Daraus ist zu folgern, dass die Schadstoffqualität eines Landes abhängt a) von der Höhe seines ökonomischen Entwicklungsstandes, b) von der Art der verwandten Energie und c) von der Erstellung seines Wirtschaftsprodukts, zum Beispiel mehr über Industrie, über Landwirtschaft oder über die Ausbeutung von Energierohstoffen.[2]

---

2 In jedem Fall hat es keinen Sinn, per Feststellung historischer Umweltverschmutzungsrückstände ein Recht auf aktuelle Verschmutzungsboni einzufordern. Die richtige Forderung wäre, dass die führenden Industrieländer, deren schmutzige Transformation den Großteil der heutigen Verschmutzung verursacht hat, erhebliche Summen an die Internationale Energie-Agentur zahlen, die ihrerseits die Gelder weiterreicht an die aktuellen Transformationsländer, mit denen diese erneuerbare Energien und Schutztechnologien auf- bzw. ausbauen können.

Die Position der Staaten zum Ukraine-Krieg

Die Staaten in der internationalen Ordnung haben mithin höchst unterschiedliche Vorteile und Nachteile, Probleme und Interessen. Gibt es gemeinsame Interessen, die ein Zusammengehen in der weltpolitischen Arena bewirken? Die Abstimmung über die UN-Resolution zur Verurteilung des russischen Einmarsches in die Ukraine gibt darüber einen Aufschluss.

Staaten, die sich bei der UN-Resolution zum Einmarsch Russlands in die Ukraine enthalten haben: Algerien / Angola / Äquatorial Guinea / Armenien / Bangladesch / Bolivien / Burundi / China / El Salvador / Indien / Irak / Iran / Kasachstan / Kongo / Kuba / Kirgistan / Laos / Madagaskar / Mali / Mongolei / Mozambique / Namibia / Nicaragua / Pakistan / Senegal / Sri Lanka / Südafrika / Sudan / Süd-Sudan / Tadschikistan / Tansania / Uganda / Vietnam / Zentralafrikanische Republik / Zimbabwe.

All diese 35 Länder haben ihre Erfahrungen gemacht im eigenen Befreiungskampf gegen die Kolonialmächte des Westens oder in der aktuellen geopolitischen Auseinandersetzung um eine Chance auf eine eigenständige Entwicklung gegen die dominierenden Mächte des Westens. Sie lassen sich nicht vereinnahmen von der donnernden Propaganda von den überlegenen westlichen Werten, sie akzeptieren aber auch nicht das völkerrechtswidrige Vorgehen Russlands. Ihre Enthaltung ist aber ein eindeutiges Zeichen gegen die Dominanzstrategie des Westens. Mit rund 4,2 Milliarden Menschen stellen sie eine Mehrheit der etwa 8 Milliarden Menschen auf der Erde. Dazu kommen noch die fünf Nein-Stimmen von Russland, Belarus, Syrien, Nordkorea und Eritrea – und die zwölf Enthaltungen, darunter Venezuela und Marokko, die der Abstimmung ferngeblieben sind. Alle Länder, die mit Nein oder Enthaltung stimmten, sind Schwellen- und Entwicklungsländer, sind Länder mit einem niedrigen Pro-Kopf-Einkommen. Die wahre Teilung heute verläuft zwischen reichen und armen Ländern. China ist dank seines Wirtschaftsvolumens und seiner geschickten Wachstumsstrategie und internationalen Wirtschaftskooperation (›Neue Seidenstraße‹, auf der schon über 100 Staaten fahren) ein strategischer Bezugspunkt. Hier formiert sich eine Allianz, die dem von den USA angeführten »Westen« Paroli bietet. Wer von »Blöcken« spricht, mag übersehen, dass die Gruppierungen nicht stabil sind. Sowohl im »Block« des Westens wie in dem der Schwellen- und Entwicklungsländer, die sich gegen den westlichen Imperialismus solidarisieren, gibt es beträchtliche Widersprüche und Änderungen. Wieder werden sich die Allianzen wandeln und neu formieren. Doch geht es in diesem epocheprägenden Konflikt vor allem um die Notwendigkeit aufstrebender Länder, ihren sozio-ökonomischen Fortschritt gegen den imperialistischen Westen durchsetzen zu müssen. In diese Rivalität werden, wie die USA in ihrer Global Security Strategy verkünden, auch die »Menschheitsfragen« der Erderwärmung, des Schutzes der Zivilisation vor Verschmutzung, Vergiftung und radioaktiver Verseuchung eingebettet. Die mächtigsten Nationen und Gegenspieler in diesem Konflikt sind im Westen die USA und im »Süden« die Volksrepublik China. Der Fortgang und die Beendigung des Ukraine-Krieges sind in den Jahren 2023 und 2024 wichtige Faktoren zur Bestimmung des weiteren Verlaufs. Sie entscheiden auch darüber, wie lange und wie schmerzhaft Wirtschaftskrieg und Kriegswirtschaft die Bevölkerung in aller Welt belasten.

Kapitel 10

Der Waffenkrieg könnte länger dauern – und danach wird der Wirtschaftskrieg weitergehen

Drei Ebenen und drei Etappen des Ukraine-Kriegs
Die Schwierigkeit zu erkennen, wie lang und wie verlustreich der Ukraine-Krieg ausfallen wird, liegt vor allem darin, dass sich dabei drei verschiedene und je verschieden zu lösende Probleme präsentieren. Die erste Etappe des Krieges entsprang den ethnischen Konflikten der Ukraine. Die Ukraine bietet Heimstatt für über 130 Nationalitäten, die beiden mit Abstand größten sind Ukrainer und Russen. Bei der Volkszählung 2001 überwogen die Ukrainer im gesamten Staatsgebiet mit 77,8 zu 17,3 % Russischstämmiger. Zwanzig Jahre zuvor, beim Beginn der ukrainischen Autonomie, war der Anteil der Ukrainer noch fünf Prozentpunkte niedriger, der der Russen fünf höher. Auf der Krim sind die Mehrheitsverhältnisse eindeutig prorussisch. 58,3 % sind ethnische Russen, 77 % geben Russisch als Muttersprache an, 10,4 % Krimtatarisch und 10,1 % Ukrainisch. (Simon 2007) Überhaupt erklären doppelt so viele Ukrainer Russisch zu ihrer Muttersprache, als ethnische Russen gezählt werden. Obwohl der neue Staat von Beginn an Ukrainisch zur einzigen Staatssprache auf seinem Territorium erklärt hat, hat »im Osten und Süden das Russische ... eine beherrschende Stellung«. (ebd.) Die Autonomiebestrebungen der russischsprachigen Bevölkerungsteile in den Provinzen Cherson, Donezk, Lugansk und Saporischschja

10. DER WAFFENKRIEG KÖNNTE LÄNGER DAUERN

und die »Zurück zu Russland«-Bewegung auf der Krim auf der einen Seite und die penetranten Ukrainisierungsversuche und die skrupellose Korruptheit der seit 2014 prowestlichen Kiewer Zentralregierung führten zu bürgerkriegsähnlichen Unruhen. Russland unterstützte dabei offen die prorussischen Formationen. Die Krim wurde 2014 von der russischen Armee »okkupiert« in der Sprache des Westens, in der des Kreml wurde sie »befreit«; jedenfalls erfolgte die Operation in Übereinstimmung mit dem Willen der Bevölkerung. Lugansk und Donezk erklärten sich 2014 zu selbstständigen Volksrepubliken und schlossen sich nach Volksabstimmungen, vom Westen als »Scheinreferenden« bezeichnet, der Russländischen Föderation an.[3]

Die zweite Etappe begann militärisch mit der »Spezialoperation«, der russischen Invasion der Ukraine am 24.2.2022. Putin sprach von der notwendigen Denazifizierung der Ukraine. Im Westen kam das als absurde Beschönigung eines Völkerrechtsbruchs an. Für Russen und Ukrainer war dies aber ein sehr handfestes Argument. In der Ukraine, damals Republik in der UdSSR, waren beim Angriff Nazi-Deutschlands auf die Sowjetunion 1941 einige Teile der Bevölkerung ins Lager der Nazi-Truppen übergegangen, und eine ukrainische Truppe unter Stepan Bandera veranstaltete Pogrome gegen Russen und Polen, beteiligte sich am Völkermord an den Juden und kämpfte an der Seite der Nazis gegen die Sowjetarmee. Das Asow-Regiment, das jetzt als Einheit der ukrainischen Armee auftritt, beruft sich auf seinen Schutzheiligen Bandera, der in der Ukraine offiziell als Volksheld gehandelt wird. Die Autonomiebestrebungen der Ukraine sind historisch mit den deutschen Faschisten verwoben. Putins Hinweise auf Nazitum und Denazifizierung haben einen konkreten, den Beteiligten beider Seiten bewussten Hintergrund. Und jeder neue deutsche Panzer belebt diese Erinnerung.

---

3 Der Begriff »russländisch«, nicht »russisch«, stellt klar, dass sich nicht nur russische Ethnien in den Grenzen der Föderation befinden.

Wenn Putin der Ukraine ihre eigene Staatlichkeit abspricht, so rührt er damit an ein tiefes Trauma der früheren Sowjetmenschen. Die Sowjetunion wurde 1990 ff ja nicht nur »demokratisiert«, sondern zerschlagen. Aus ihren verschiedenen Republiken wurden neben der Russischen Föderation 14 eigene Staaten: Armenien, Aserbaidschan, Belarus, Estland, Georgien, Kasachstan, Kirgisistan, Lettland, Litauen, Moldau, Tadschikistan, Turkmenistan, Ukraine, Usbekistan. Die baltischen Staaten Estland, Lettland, Litauen wurden 2009 Mitglied der NATO. Dann sollte mit der Ukraine die frühere, nach Russland bevölkerungsreichste Sowjetrepublik auch Mitglied der NATO werden. Putins Andeutungen und Warnungen wurden von der russischen Öffentlichkeit wiederum sehr genau verstanden. Der Zerstückelungsprozess Russlands, wie er nach 1990/91 der ehemaligen Sowjetunion widerfuhr, würde ein weiteres Mal drohen.

Für die russische Führung stand ein aktuelles strategisches Moment im Vordergrund, die Verteidigung ihrer Hafenzone Krim am Schwarzen Meer, mit Sewastopol als Stützpunkt ihrer strategisch wichtigen Schwarzmeerflotte. Der Verlust der Krim würde sogar Russlands Position als »Regionalmacht«, als die Präsident Obama es seinerzeit abkanzelte, beenden, jedenfalls was seinen Einfluss nach Westen und Süden betrifft. Mit einem sicheren Landübergang vom russischen Festland über die ehemaligen östlichen Gebiete der Ukraine wäre hingegen eine Festigung seiner Schwarzmeerposition erreicht.

Mit dem Stopp der russischen und der Aufrüstung der ukrainischen Truppen mit schwerem Kriegsgerät durch die NATO erreichte der Krieg seine dritte Etappe, die geopolitische Konfrontation zwischen dem NATO-Westen und der Armen Welt. Die Biden-Regierung hat in ihrer neuesten National Security Strategy das Ziel ausgegeben, Russland müsse man kleinmachen. Die deutsche Außenministerin verlangt, »Russland zu ruinieren«. Der verteidigungspolitische Sprecher der CDU, der Reserve-Oberst Roderich Kiesewetter, gibt die Losung aus, »Russland muss verlieren lernen«. Manche verstecken sich hinter der demokratisch klingenden Beteuerung, über die Kriegsziele in der Ukraine habe diese selbst zu entscheiden. Die ukrainische Bevölkerung will zu 87 %, dass ihr Land in die EU kommt, zu 86 %, dass es Mitglied der NATO wird. (uacrisis.org/de/day364) Die Hauptmedien in Deutschland, von der *Süddeutschen Zeitung* (SZ) über den *Spiegel* bis zur *Zeit*, zeihen den Kanzler eines verhängnisvollen Zögerns. Der gibt schließlich nach, zuerst Marder-Spähpanzer, dann Leopard-Kampfpanzer zu liefern. Dann gehen die Forderungen noch weiter, Kampfjets würden gebraucht und Langstreckenraketen, die tief ins Innere Russlands und auf jeden Fall bis zur Krim reichen müssen. Wieder zögert der Kanzler, und wieder hebt die Klage der Leitartikler und TV-Kommentatoren an: Wieder dieses Zögern, Deutschland muss Führungsnation sein, sich nicht immer treiben lassen, endlich vorangehen. Baerbock belehrt kritische Fragesteller im Europaparlament und damit ihren eigenen Kanzler: »Wir führen Krieg gegen Russland.« (lostineu.eu, 27.1.2023)

Nicht nur einer Autorin der *Süddeutschen Zeitung* kam der Verdacht, es handele sich um ein abgekartetes Spiel. Die einen drängen, der Kanzler zögert, willigt schließlich scheinbar widerwillig ein – die zu mehr Krieg Drängenden sind es zufrieden, die Besorgten, Friedensbewegten halten angesichts der schlimmen Alternativen eher still. In Deutschland waren zwar 46 % der Menschen für die Lieferung der Leopard-Panzer, aber 43 % waren dagegen. (SZ, 26.1.2023) Das Land ist mithin geteilt, Scholz kommt irgendwie beiden Seiten entgegen. In der Ukraine wird der Krieg weiter entfesselt, in Deutschland wird für sozialen Frieden gesorgt. Der Kanzler als moderner Macchiavelli.

Da mag manches dran sein, aber macchiavellistische Ambitionen waren es wohl nicht alleine, die den deutschen Kanzler bewegten. Wenn der Krieg weiter eskaliert wird, wenn es gelingt, Russland zurückzudrängen, die Krim und die Ostprovinzen der Ukraine zurückzugewinnen, Russland also vom Schwarzen Meer und damit vom Mittelmeer abzudrängen, dann wird das Putin-Regime vor der Alternative stehen, entweder mit Russland ins zweite Glied der

Weltpolitik zurückzutreten und damit sich selbst zum Abschuss im eigenen Haus freizugeben, oder aber die russische Regierung wird wieder mit Atomwaffen drohen und sie vielleicht auch zum Einsatz bringen. Das Hauptziel für russische Atomwaffen gegen die NATO wäre nicht das Gefechtsfeld im Ukraine-Krieg, sondern das wäre Deutschland, die Führungsnation in der Mitte Europas. Für die USA, die sich ihrerseits auf ihren Hauptfeind China konzentrieren wollen, liegt es nahe, das gefährliche Feld Europa lieber der selbsternannten Führungsnation Deutschland zu überlassen. Der deutsche Kanzler sieht die Gefahr und holt mit allem Nachdruck die USA mit ins Boot. Ob dies Moskau wirklich abschrecken wird, wenn es mit westlicher Waffengewalt an die Wand gedrückt wird, darf bezweifelt werden.

Zu diesen Zweiflern gehört Henry Kissinger, bewandert in allen Arten des Umgangs mit Systemrivalen, wie er bewies, als er als Sicherheitsberater von US-Präsident Nixon mitten während der diplomatischen »Öffnung nach China« in Santiago de Chile die CIA den Militärputsch gegen Salvador Allendes Unidad Popular orchestrieren ließ. Kissinger warnt zunächst seine Nachfolger in der US-Regierung: »Russlands militärische Rückschläge haben seine globale nukleare Reichweite nicht beeinträchtigt, die es befähigt, mit einer Eskalation in der Ukraine zu drohen.« Dann nimmt er das Ziel der US-NATO-Politik ins Visier: »Selbst wenn diese Fähigkeit verringert würde, könnte die Auflösung Russlands die Zerstörung seiner Fähigkeit bedeuten, strategische Politik zu machen. Das Territorium, das elf Zeitzonen umfasst, könnte sich in ein umkämpftes Vakuum verwandeln. Konkurrierende Gesellschaften könnten beschließen, ihre Streitigkeiten mit Gewalt zu lösen. Andere Länder könnten versuchen, ihre Ansprüche mit Gewalt auszuweiten. All diese Gefahren würden durch das Vorhandensein von Tausenden von Atomwaffen verstärkt, die Russland zu einer der beiden größten Atommächte machen.« (Kissinger 2022) Kissinger wendet sich an seine Nachfolger in US-Regierung und NATO: Wenn Ihr Russland in die Ecke drängt, riskiert Ihr den Atomkrieg mit einer der beiden führenden Atommächte. Er fügt zweitens hinzu: Wenn Ihr Erfolg hättet, würdet Ihr Eurasien in eine Katastrophe schlimmsten Ausmaßes stürzen. Kissinger vergleicht die Lage mit dem »Selbstmord«, den die europäischen Mächte im Ersten Weltkrieg verübten. Die Kämpfe in den Nachfolgestaaten der UdSSR mögen Kissingers böse Ahnungen nähren: In Tschetschenien kämpfen bewaffnete Kräfte für die Unabhängigkeit von Russland, Transnistrien fällt von Moldau ab, Abchasien und Südossetien von Georgien, Berg-Karabach von Aserbaidschan, auf der Krim kämpften bereits vor 2014 ethnische Russen für den Anschluss an Russland.

Auf der Rutschbahn in den Dritten Weltkrieg?
Im Generalstab der deutschen Bundeswehr sitzen kluge Männer (noch keine Frauen), denen solcherlei Gedanken natürlich auch kommen. Erich Vad ist ein Ex-Brigadegeneral dieser Bundeswehr, von 2006 bis 2013 war er militärpolitischer Berater von Bundeskanzlerin Merkel. Im deutschen Fernsehen warnte er 2022 vor weiteren Waffenlieferungen an die Ukraine, um nicht noch weiter auf der Rutschbahn in den Dritten Weltkrieg zu gleiten. Daraufhin verschwand er von der Mattscheibe, auch in den Hauptprintmedien war von ihm nichts mehr zu lesen. Im Januar 2023 brachte dann die verdienstvolle Zeitschrift *Emma* ein ausführliches Interview mit ihm (emma.de, 12.1.2023), wo er seine Thesen nochmals darlegte. Der Westen führe jetzt einen Abnutzungskrieg gegen Russland. Wenn man das weitermache, würde die Ukraine dabei zerstört. Doch auch Marder- und Leopard-Panzer würden nicht ausreichen, Russland zu besiegen. Es gehe um die Schwarzmeerregion, die für Russland so wichtig sei wie die Karibik für die USA oder die Straße von Taiwan für China. Sollte man die Russen zwingen, sich aus der Schwarzmeerzone zurückzuziehen, käme es zum Einsatz von Atomwaffen. Man könne die stärkste Atommacht der Welt nicht durch Abnutzen bezwingen, ohne einen Atomkrieg zu riskieren. Man brauche also eine politische Lösung des Konflikts. Die Schlüssel dazu lägen in Washington und Moskau, keineswegs in Kiew.

Die Schlüssel in Washington und Moskau
Washington wird den Schlüssel nicht benutzen. Die USA verfolgen die Strategie nach ihrer Sprichwort-Devise »den Frosch kochen«, die Wassertemperatur so langsam zu steigern, dass der Frosch gar nicht merkt, wie es immer heißer wird, und er schließlich tot im kochenden Wasser liegt. So fasst die US-Regierung ihr Vorgehen inoffiziell zusammen. (n.tv.de, 9.1.2023) Der Frosch heißt Russland, die USA steigern ihre Waffenzufuhr von Mal zu Mal und bringen ihre Alliierten zum Mitmachen, einige dürfen dabei widerbockig tun, wenn nur am Ende das Ergebnis stimmt. Das Ende besiegelte im Wettrüsten gegen die Sowjetunion schon einmal Moskaus Abgang von der Bühne der Geschichte. Die USA wollen kein Ende des Krieges, sondern seine langsame Intensivierung, ohne dass es zu einem Showdown der Großmächte kommen sollte. Dies Kalkül wird unterstützt von den Mehrheitsverhältnissen im 2022 neu gewählten Kongress. Die Republikaner, die im Repräsentantenhaus die Mehrheit gewonnen haben, könnten jede finanzielle Ausgabe des Weißen Hauses für Rüstung stoppen. Die Republikaner messen dem Konflikt in Europa eine geringere Bedeutung zu als die Demokraten, für sie zählt vor allem die Frontstellung gegen China. Zum andern meinen sie, für Probleme in Europa sind vor allem die Europäer zuständig. Sie würden und sie werden, wenn Ron DeSantis oder ein anderer Trump-Nachfolger oder Trump gar selbst der 2024 zu wählende nächste Präsident sein sollte, den Druck auf die europäischen Partner enorm erhöhen, mit mehr eigener Rüstung und mehr Kriegsoffensive gegen Russland vorzugehen. Dann würde schneller heißer gekocht.

Die USA haben auch direkt materielle Vorteile vom Krieg. Erstens findet ihre gewaltige Unterstützung der Ukraine als »Bewaffnung auf Kredit« statt. Ähnlich wie England im Zweiten Weltkrieg mit Waffen unterstützt wurde, die es bis 2006 in jährlichen Raten zurückzahlte, ergeht es jetzt auch der Ukraine. Die bis Ende 2022 gelieferten Waffen aus den USA sind nicht verschenkt, die 23 Milliarden US-Dollar müssen zurückgezahlt werden. Die Summen, die oh-

10. DER WAFFENKRIEG KÖNNTE LÄNGER DAUERN

nehin der US-Rüstungsindustrie zugutekommen, müssen von der Ukraine der US-Regierung beglichen werden – in welcher Form auch immer. Zweitens verdienen die Rüstungskonzerne aktuell wie seit Jahrzehnten nicht mehr. Die Waffenverkäufe an NATO-Verbündete der USA sind von 15,5 Milliarden Dollar 2021 auf 28 Milliarden 2022 gestiegen. Der zweite große Profiteur sind die US-Energiekonzerne. Das »Russengas« wurde vertrieben, zum Wohl der US-LNG-Exporteure. Deren Exporte nach Europa stiegen von 2021 auf 2022 um 260%. Auch das US-Öl wurde plötzlich lebhaft gefragt: Die Rohölexporte der USA stiegen von Dezember 2021 bis Dezember 2022 um 52%. Der Krieg in Europa lohnt sich für US-Großkonzerne und für den US-Kapitalmarkt, denn je unsicherer die Lage in Europa ist, umso mehr Kapital fließt in den sicheren Hafen USA bzw. an die New Yorker Börse. (Zahlen in diesem Absatz bei Gabor Steingart, focus.de, 19.1.2023)

Der Moskauer Schlüssel wird ebenfalls nicht genutzt werden. Man hätte erwarten können, dass eine der Machtstützen Putins, der Sicherheitsapparat, nach dem Desaster der Invasion in die Ukraine ins Wanken käme. Denn die Annahme eines schnellen Sieges der »Militäroperation« gegen desolate ukrainische Truppen und eines freundlichen Willkommens von Seiten der Zivilbevölkerung erwies sich als grundfalsch. Wie Ex-Kanzlerin Merkel verriet, war der tiefere Sinn des Minsker Abkommens aus westlicher Sicht, der Ukraine Zeit zu verschaffen. 2015 – als das Abkommen geschlossen, wurde – hätte Putin die Ukraine, sagt sie, leicht einnehmen können. Die Ukrainer hätten die Zeit genutzt, wie man heute sehen könne. Auch bezweifele sie sehr, dass die NATO-Staaten damals so viel für die Ukraine hätten tun können, wie sie es jetzt tun. »Es war uns allen klar, dass es sich um einen eingefrorenen Konflikt handelte, dass das Problem nicht gelöst war, aber genau das hat der Ukraine wertvolle Zeit verschafft.« (zeit.de, 7.12.2022) Die mit gründlicher Hilfe der NATO-Staaten offenbar hervorragend genutzt wurde. Dass dies und die sich verändernde Einstellung der Bevölkerung dem russischen Geheimdienst entgangen ist, erweist eine grandiose

Inkompetenz. Doch der Ex-KGB-Major Putin und sein mit Sicherheitsprofis besetzter Herrschaftszirkel blieben davon unberührt, jedenfalls was Massenproteste, Oppositionsbewegung von unten betrifft. Auch das massenhafte Einziehen von Wehrpflichtigen und der Tod tausender junger Soldaten hat bislang keinen großen Protest hervorgerufen, zwar in den westlichen Medien, aber nicht in Russland. Lutz Brangsch schätzt ein, dass Putin relativ fest im Sattel sitzt. Von unten sei keine Revolte zu erwarten, ein Wandel könnte höchstens »durch eine Veränderung der Eliten« stattfinden. (Brangsch 2022)

Brangsch sieht drei Stützen des Systems Putin. Zum einen den Sicherheitsapparat und überhaupt die Eliten der staatlichen Organe; an zweiter Stelle die Funktionseliten in den wichtigen produktiven Bereichen der Wirtschaft; drittens die Top-Manager in Finanzsystem und Notenbank. Eliten in Wissenschaft, Kultur und Publizistik, die wichtig sind für die nötigen technologischen Innovationen und für die Zustimmung und die Einsatzbereitschaft der Massen, werden in einen zweiten Machtkreis gesetzt. Diese Eliten hätten sich mit Putin eingeschworen auf ein »konservativ staatsmonopolistisches Modell ..., das die antisozialen Aspekte des modernen Neoliberalismus ins Extrem steigert und Modernisierung durch Repression zu erzwingen sucht«. Die den Krieg betreffenden Konflikte innerhalb des Machtzirkels gehen nicht um die Frage »Krieg ja oder nein«, sondern darum, ob man die aktuelle »begrenzte Kriegsführung« beibehalten oder den Krieg ausweiten soll. Die jetzige Putin-Koalition steht für »begrenzte Kriegsführung«. Putin möchte »eine Balance herstellen zwischen der Stabilisierung der Front im Donbass, einer Forcierung der Importablösung und Erweiterung der wirtschaftlichen und politischen Beziehungen zu China, Indien und anderen ›freundlichen‹ Staaten sowie einer sozialen Befriedung nach innen«. (ebd.)

Gerade bei diesen Zielen aber sind die Dissonanzen in diesem Elitenpakt nicht zu übersehen. Zum einen zeigen die personellen Wechsel in den höchsten Rängen des Militärapparates die enorme

10. DER WAFFENKRIEG KÖNNTE LÄNGER DAUERN

Unzufriedenheit mit diesem Sektor. Zum anderen erweisen sich die aktuellen Funktionseliten in Wirtschaftsunternehmen nicht aufgeschlossen für eine zügige Transformation in ein modernes ökonomisches System, in dem sie selbst möglicherweise nicht mehr die Hauptrolle spielen. Der Finanzsektor kann mehr Geld in aktuellen Geschäften verdienen als mit Investitionen in längerfristige Transformationsprojekte. So sehen denn auch die aktuellen Ziele der Zentralbank für die nächsten Jahre keine Anreize »für eine Importablösung oder eine Förderung technologischer Produktionsketten vor«. (ebd.) Dies wird nicht zuletzt zu Spannungen mit bislang regimetreuen Wissenschaftlern führen, die mehr Spielraum und mehr Demokratie fordern. Offenbar verlangen Wissenschaftler der oberen Ebene eine größere staatliche Unterstützung beim Prozess der Transformation und in ihren eigenen Arbeitsbereichen mehr Mitbestimmung.

Ein weiteres Spannungsfeld tut sich auf zwischen Zentrale und Regionen des Riesenlandes. Russland ist in Funktionskreise unterteilt wie Wolga, Ural, Sibirien oder Ferner Osten. Diese stellen wesentliche Stufen auf dem Gang zu einer modernen Industriegesellschaft dar. Jedem Funktionskreis ist ein bevollmächtigter Vertreter des Präsidenten der Russischen Föderation beigegeben, der über die Durchsetzung der Beschlüsse der Zentrale wacht, die nicht unbedingt vom Geist der Neugewichtung der politischen Aufgaben des Landes erfüllt sind.

Zusammengefasst: Putin-Russland will seine Bahn eines begrenzten Krieges in der Ukraine und einer langsamen Modernisierung unter autoritär-kapitalistischen Vorzeichen weiterziehen. Neben einer materiellen Besserstellung der Unterschichten und der Unterdrückung jeglicher Opposition gehört dazu die Intensivierung großrussischer Ideologie und Machtfantasien. Eine Niederlage im Ukraine-Krieg würde solche großrussisch-nationalen Ideen und Motive zerschmettern. Nicht nur Putin, das gesamte russische Elitenkartell kann eine Niederlage nicht hinnehmen, ohne die eigene Machtbasis zu zerstören.

Wenn also Washington und Moskau über Krieg oder Frieden entscheiden, beide aber zur Fortführung des Krieges entschlossen sind – wie kann es dann überhaupt zum Frieden kommen, bevor der Krieg militärisch entschieden ist, mit weiteren zehntausenden, vielleicht hunderttausenden ukrainischen und russischen Opfern, Zerstörung der ukrainischen Gefechtsfelder und der Infrastruktur des Landes sowie weiterer Militarisierung und Hochrüstung der EU- und NATO-Länder sowie der eskalierenden Gefahr eines Atomkrieges?

Kapitel 11

Wo sind Kräfte für den Frieden?
Wer stoppt das Rutschen in den Dritten Weltkrieg?

Will man gesellschaftliche Kräfte gegen nationale oder internationale Projekte bestimmen, fragt man sinnvollerweise als erstes danach, »wem schaden sie«, die andere Lesart des alten lateinischen Prinzips »cui bono«, wer ist am meisten jenseits der Truppen und Bevölkerungen der direkten Kriegsparteien vom Ukraine-Krieg betroffen? Antworten finden wir auf zwei Ebenen. Zum einen sind da die lohn- und sozialleistungsabhängigen Klassen, deren Löhne bzw. Transferleistungen durch die Verteuerung von Energie und Lebensmitteln und durch die Hinlenkung der öffentlichen Mittel auf Hochrüstung und Militarisierung verkürzt und gefährlich eingeschränkt werden. Der bisherige Lebensstandard wird sowohl durch das Absinken der Reallöhne wie durch den beschleunigten Verfall der sozialen und physischen Infrastruktur gesenkt, für die Menschen am unteren Ende der sozialen Ungleichheit in existenzgefährdendem Ausmaß. Zum anderen stoßen wir auf Teile der global operierenden Kapitalistenklasse, denen Krieg und Wirtschaftskrieg wichtige Profitquellen verderben. Wenn BASF einen Rückgang des Betriebsergebnisses melden muss, weil Milliardeninvestitionen in Russland abzuschreiben sind und noch größere Investitionen in China auf der Kippe stehen, dann sieht ein solcher Konzern die Ausweitung der Kriege anders als Rheinmetall, das dank der Panzeraufträge zum Liebling der Kapitalanleger geworden ist. Schließlich kommen drittens die nationalen Regierungen ins Spiel. Sie können in vielfältige Widersprüche verstrickt sein. Sie müssen sowohl das Interesse des global agierenden Kapitals berücksichtigen als auch die Interessen von unter Umständen davon abweichenden Teilen des national begrenzten Kapitals. Sie müssen die Stimmung der politischen Öffentlichkeit, ihrer Wähler im Auge behalten, die womöglich eine dritte Position innehaben, objektiv jedenfalls ein anderes Interesse und subjektiv oft abweichende Meinungen und Stimmungen. Und sie müssen viertens die Befindlichkeiten der politischen Eliten ihrer Partnerländer, besonders des Allianzenanführers USA berücksichtigen.

Die Regierung Scholz in Deutschland ist ein Musterbeispiel für die Mühen einer solchen politischen Führung. Was ihr als Zögern und Unentschlossenheit angekreidet wird, ist zu einem Teil auf das oft zähe und auch zum Teil misslingende Austarieren der vielfältigen Widersprüche zurückzuführen. Zu einem größeren Teil allerdings auf die neoliberale, allen Behauptungen demokratischer Werte und Menschenrechte hohnsprechende Art ihrer »Krisenbewältigung«, die zu einer Verminderung des Lebensstandards der eigenen Bevölkerung, zu einer Aufwertung reaktionärer, aber öl- und gasreicher Regimes, zu einer weiteren Verarmung des globalen Südens und zur Gefahr eines großen Krieges führen.

Friedensvorschläge gibt es viele – aber wer setzt sie um?
Der russische Einmarsch in die Ukraine bedeutete das Ende des ersten Friedensprozesses, des sogenannten »Normandie-Formats«, Verhandlungsrunden mit Vertretern aus der Ukraine, Russland, Deutschland und Frankreich nach dem Krim-Konflikt 2014. Nachdem das Waffenstillstandsabkommen Minsk I gescheitert war, wurde 2015 Minsk II beschlossen und vom UN-Sicherheitsrat völkerrechtlich in Kraft gesetzt. Es ging erstens um Waffenstillstand und Abzug schwerer Waffen durch beide Seiten unter Überwachung der OSZE sowie um den weiteren Umgang mit den Gebieten von Donezk und Lugansk. Nachdem Kiew sieben Jahre lang die Umsetzung des Abkommens verweigert hatte, scheiterte die letzte Gesprächsrunde,

11. WO SIND KRÄFTE FÜR DEN FRIEDEN?

als die Ukraine sich weigerte, in einer gemeinsamen Erklärung die Minsker Vereinbarung zu zitieren, wonach der künftige Status der Regionen Donezk und Lugansk erst nach dem Krieg in Konsultationen mit den Vertretern dieser Bezirke geklärt werden sollte. Daraufhin erklärte Russland die Anerkennung der »Volksrepubliken« Donezk und Lugansk und marschierte zwei Tage später in die Ukraine ein.

Schon im März 2022 finden russisch-ukrainische Gespräche in Istanbul statt. Die ukrainische Delegation legt einen Zehn-Punkte-Plan vor, der die politische Neutralität des Landes bei völkerrechtlicher Garantie zur Umsetzung ihres blockfreien und atomwaffenfreien Status, Waffenstillstand und Rückzug der Truppen vorsieht. Fragen zu Krim, Sewastopol und Donbass sollten im Wesentlichen ausgeklammert werden. Mit den Zusagen westlicher Staaten für umfangreiche Waffenlieferungen und der neuen Propaganda eines Sieges über Russland kam der Istanbuler Prozess zum Erliegen und wurde schließlich von Kiew abgebrochen. (IPPNW 2023)

Die zentrale Forderung der Russen, von der Ukraine noch im März 2022 zugestanden, war und ist der Stopp der NATO-Osterweiterung. Die Ukraine und die NATO lehnen dies inzwischen ab und verkünden immer höhere Kriegsziele bis hin zum militärischen Sieg und der »Ruinierung« Russlands. Die Kluft zwischen den beiden Parteien wird immer größer. Unter den vielen Friedensinitiativen, die in dieser Kluft verschwinden, ragt die einer internationalen Arbeitsgruppe im Vatikan unter Leitung von Jeffrey D. Sachs heraus, einem der renommiertesten Ökonomen der letzten Jahrzehnte, Professor an der Harvard und der Columbia University, Berater für den IWF, die Weltbank, die OECD, die WTO und das UNDP. (Sachs/Prodi 2022)

Die Arbeitsgruppe schlägt folgendes Konzept vor:
- Neutralität der Ukraine;
- Sicherheitsgarantien für Souveränität, Unabhängigkeit und territoriale Integrität der Ukraine durch die fünf ständigen Mitglieder des UN-Sicherheitsrates (USA, China, Russland, Großbritannien, Frankreich) sowie der EU und der Türkei;

- Russische Kontrolle der Krim für mehrere Jahre – danach würden die Parteien eine dauerhafte Lösung anstreben;
- Autonomie der Regionen Lugansk und Donezk innerhalb der Ukraine;
- Garantierter wirtschaftlicher Zugang sowohl der Ukraine als auch Russlands zu den Schwarzmeerhäfen beider Länder;
- Die schrittweise Aufhebung der westlichen Sanktionen gegen Russland im Gleichschritt mit dem Rückzug des russischen Militärs;
- Einen multinationalen Fonds für Wiederaufbau und Entwicklung der vom Krieg gezeichneten Regionen der Ukraine, an dem auch Russland beteiligt ist;
- Eine Resolution des UN-Sicherheitsrates zur Bereitstellung internationaler Überwachungsmechanismen zur Unterstützung des Friedensabkommens.

Bietet dieses Format die Grundlage für die Aufnahme von Friedensverhandlungen? Die USA, die NATO und die Selenskyj-Regierung der Ukraine lehnen schon den Ausgangspunkt ab – die Neutralität der Ukraine. Die USA haben des Weiteren die Leitung des Wiederaufbaus der Ukraine bereits an den New Yorker Verwalter der großen Vermögen, BlackRock, vergeben; das Multimilliardengeschäft des neuen Marshall-Plans soll in der Hand des US-Kapitals verbleiben. Ganz davon abgesehen, dass der Höhenflug der Profite der Waffen- und Energiekonzerne ebenso wie der Transportindustrie – Gas- und Öltanker – nur beibehalten werden kann bei Andauern und Hochfahren des Krieges. Auch Putin-Russland lehnt zentrale Teile des Vorschlags der Vatikan-Arbeitsgruppe ab. Es will die Teile der Ost-Ukraine, die den Landweg zur Krim sichern, nicht herausgeben und ihm genügt auch nicht der wirtschaftliche Zugang zu den Schwarzmeerhäfen. Es geht Russland um die Beibehaltung der Krim als Stützpunkt seiner Schwarzmeerflotte. Mit einem anderen Ergebnis könnte Putin sich nicht als Sieger im Konflikt mit dem Westen darstellen. Für die beiden Kriegsparteien gibt es also keine eigenen Motive, die auf eine Friedenslösung drängen. Es sei denn, die Kräfte, die Frieden brauchen, mischen sich so laut und kräftig ein, dass sie nicht mehr zu übergehen sind. Um die Kriegsparteien an den Verhandlungstisch zu bekommen, braucht es den entschiedenen Druck der Gegenseite in der geopolitischen Auseinandersetzung, der Armen Welt, angeführt von China; von den Friedenskräften in USA und Russland und in den Hauptländern der NATO, vor allem in Deutschland.

China und die Arme Welt
Für China ist der von Russland begonnene Ukraine-Krieg ein gewaltiger politischer Verlustposten. Zur Stabilisierung und Weiterführung seiner Transformation zu einer hochmodernen Wirtschaft und Gesellschaft braucht es den allseitigen Austausch mit der Weltwirtschaft. Selbst im Rahmen einer weitgehend vom globalen Kapital dominierten internationalen Ordnung hat China in den letzten Jahrzehnten weit höhere Wachstumsraten seiner Wirtschaft erzielt als alle seine Partner und Konkurrenten. Der Status quo war offenbar ein für Chinas Entwicklung günstiger Rahmen. Eben deshalb haben die USA ihn schon vor der Ukraine-Invasion aufgekündigt und einen Wirtschaftskrieg gegen China begonnen. Russlands »Spezialoperation« bietet den USA nun die Möglichkeit, unter Hinweis auf das Beispiel Russland auf die große Gefahr »wirtschaftlicher Abhängigkeit« von Lieferungen aus »autoritären Gesellschaften« zu verweisen und die Länder zu einer Revision ihrer wirtschaftlichen Beziehungen mit China zu drängen: weniger Handels- und Kapitalaustausch, besonders in den modernsten Technologien. Die USA zwingen die subalternen Länder des Westens in ihr Sanktionsregime gegen China, indem sie ihre Sanktionen gegen jeden vollstrecken, der seinerseits Austausch mit chinesischen Partnern in den von den USA als »verboten« ausgezeichneten Branchen betreibt. Da für die meisten die USA wirtschaftlich noch relevanter sind als China, beugen sie sich in der Regel diesem Druck.

Russland ist jedoch ein fundamentaler Faktor in der Front gegen das von den USA angeführte globale Kapital. Die russische

Föderation hat als einzige das nukleare Potenzial, um den USA bei Atomwaffen Paroli bieten zu können. (SIPRI Yearbook 2022, S. 15) Ohne sie könnten die USA und mit diesen die NATO die Front der Armen Welt nuklear erpressen beziehungsweise ungehemmt ihre ›konventionellen‹ Militärpotenziale auf sie loslassen. In diesem Dilemma, den internationalen Konflikt nach Möglichkeit zu dämpfen, andererseits aber Russland zu unterstützen, hat China Russland zwar mit der Abnahme von mehr Gas und Öl geholfen, sich aber international einige Zeit auch mit impliziter Kritik an Russland zu Wort gemeldet. So hat Xi beim Besuch von Kanzler Scholz Anfang November 2022 vor der Presse erklärt, dass allein schon die Drohung mit dem Einsatz von Atomwaffen nicht hinzunehmen sei. Bei der Zusammenkunft der G20 zwei Wochen später stimmte China einer entsprechenden Erklärung zu. Erst Anfang 2023, seit die NATO den Einsatz von Kampfjets und weitreichenden Raketen diskutiert, zeigt China sich auch in seinen offiziellen Erklärungen als entschiedener Parteigänger Russlands. »Die USA sind diejenigen, die die Ukraine-Krise ausgelöst haben«, sagt Pekings Außenamtssprecherin Mao Ning. »Sie sind auch der größte Faktor, der die Krise anfacht«. Mit der Lieferung schwerer und offensiver Waffen an die Ukraine verlängerten und spitzten sie den Krieg nur zu. (Süddeutsche Zeitung, 31.1.2023) Dass China sich so unverhüllt gegen den Westen stellt, lässt den Schluss zu, dass es sich künftig direkter für eine friedliche, zunächst politisch-diplomatische Lösung des Ukraine-Konflikts einsetzt.

Die Arme Welt hat daran ein unmittelbares materielles Interesse. Die westlichen Regierungen, allen voran die deutsche, haben auf dem Weltmarkt »überall ... Nachfrager von Importgas überboten und ausgebootet.« (Garnreiter, 2023) Die Sanktionen gegen Russland verknappten den Weltmarkt, auf dem die armen und Schwellenländer »mit der europäischen Einkaufsmacht ... nicht mithalten (können)«. Pakistan bot bei LNG-Auktionen eine Milliarde Dollar und »erhielt kein einziges Angebot«. Bangladesch konnte kein LNG mehr importieren, »um den Zusammenbruch seiner Zahlungsbilanz zu vermeiden«. Garnreiter bilanziert, »dass die wirklich Leidtragenden des Wirtschaftskrieges (abgesehen von der russischen Bevölkerung) die Menschen in den armen Ländern sind«. (ebd.) Brasiliens Präsident Lula hat Olaf Scholz bei dessen Besuch im Januar 2023 die Bitte um Munition für die Ukraine abgeschlagen und stattdessen Gesprächsrunden von Russland und der Ukraine unter Vermittlung u. a. von Brasilien, Indien und China vorgeschlagen. (thepioneer.de, Briefing, 1.2.2023)

Friedenskräfte in den USA?
Nach den Wahlen im November 2022 freute sich Bernie Sanders, der US-Senator aus Maine, der sich einen ›demokratischen Sozialisten‹ nennt und längst zu einer Ikone der US-Linken geworden ist, der Kongress habe noch nie so viele progressive Mitglieder in seinen Reihen gehabt. Im Progressive Caucus der Demokratischen Partei koordinieren 101 Mitglieder ihre parlamentarische Arbeit. 100 gehören dem Repräsentantenhaus an, das 213 Mitglieder der Demokratischen Partei hat, 1 Mitglied des Senats ist im Progressive Caucus, nämlich Bernie Sanders. Im Repräsentantenhaus stehen den 213 Demokraten 222 Republikaner gegenüber. Im Senat haben die Demokraten eine Mehrheit von 51 zu 49 Sitzen. Im Haus sind die Progressiven eine Minderheit in der Minderheit, im Senat ist Sanders eine hoffnungslose Ein-Mann-Fraktion in den eigenen Reihen. Einen spürbaren Einfluss können die Progressiven über ihre Parlamentsstärke mithin nicht ausüben. Sie wollen dies aber auch nicht, soweit es die Frage eines möglichst schnellen Verhandlungsfriedens in der Ukraine betrifft. Nach der Ansprache Selenskyjs am 21.12.2022 vor dem US-Kongress gab der Vorstand des Progressive Caucus folgende Erklärung heraus: »Heute Abend hat Präsident Selenskyj dieselbe Tapferkeit und Verteidigung der Demokratie gezeigt, die die USA und die Welt dazu gebracht haben, sich hinter ihm und dem ukrainischen Volk seit dem brutalen, ungerechten, illegalen Einmarsch Russlands zu versammeln. Gemeinsam mit Präsident Biden, Vizepräsidentin Harris, Sprecherin Pelosi und unseren

Kollegen waren wir erfreut, ihn in Washington zu begrüßen, und wir sind stolz, die Hilfe von Demokraten für den Kampf des ukrainischen Volkes für Souveränität und Demokratie fortzuführen. Wir erwarten starke Unterstützung von Progressiven für die Ukraine-Hilfe, ... Unsere Verpflichtung dem ukrainischen Volk gegenüber wird in Übereinstimmung mit unseren fortschrittlichen Werten für Frieden, Diplomatie und Menschenrechte, nicht schwinden.« (Progressive Caucus, 21.12.2022)

Die progressiven Demokraten im Kongress schätzen den Ukraine-Krieg nicht nur falsch ein, er spielt für sie auch kaum eine Rolle. Weder spielt er, mit der zitierten Ausnahme, in ihren Presseerklärungen eine Rolle noch in ihren parlamentarischen Aktionen. Die Republikaner, die die Mehrheit im Haus haben und damit jede ausgabenwirksame Entscheidung des Präsidenten blockieren können, meinen erstens, dass China wichtiger ist als Russland und dass zweitens vor allem die Europäer den Konflikt mit Russland austragen sollen. Es ist die Demokratische Partei des Joe Biden und mit ihr die Progressiven, die für ein größeres Engagement der USA in Europa stehen.

Linke Kräfte in den USA sind, anders als zu Zeiten des Vietnam- oder des Afghanistan-Kriegs, an andere Probleme gebunden. Zum einen sind das die üble Polizeigewalt gegen Schwarze, und zum anderen stehen für die Gewerkschaftsbewegung große Arbeitskämpfe bei UPS und den drei großen Automobilkonzernen an. Natürlich gibt es auch Linke, die an der Kriegsfrage arbeiten. Zum Beispiel in den Publikationen von *Jacobin* oder *LAP – Los Angeles Progressive*, eine Art *Nachdenkseiten* an der US-Westküste. Dort haben Medea Benjamin und Nicolas Davies Forderungen an die US-Regierung entwickelt, die auch für die Bewegungen in Europa richtungsweisend sein könnten: Die USA und andere westliche Länder könnten die ukrainische Neutralität unterstützen, indem sie zustimmen, an den Sicherheitsgarantien mitzuwirken, denen die Ukraine und Russland im März 2022 zugestimmt hatten, was aber von den USA und Großbritannien zurückgewiesen wurde; die USA und ihre NATO-

11. WO SIND KRÄFTE FÜR DEN FRIEDEN?

Alliierten könnten die Russen zu einem frühen Zeitpunkt der Verhandlungen wissen lassen, dass sie ihre Sanktionen gegen Russland als Teil einer umfassenden Friedensvereinbarung aufheben; die USA könnten einer bedeutenden Reduzierung ihrer 100.000 Mann/Frau starken Truppen in Europa zustimmen und ihre Raketen aus Rumänien und Polen abziehen und die entsprechenden Militärbasen an die jeweiligen Länder zurückgeben; die USA könnten sich verpflichten, mit Russland eine Vereinbarung über gegenseitige Reduzierung ihrer Atomwaffenarsenale zu erarbeiten und die gegenwärtigen Pläne zum Bau noch gefährlicherer Waffen aufzugeben. Sie könnten den »Vertrag über den offenen Himmel« (Open Skies) wieder einsetzen, aus dem sich die USA 2020 zurückgezogen haben, sodass beide Seiten verifizieren können, dass die andere die vereinbarten Waffen zurückzieht und abbaut; die USA könnten eine Diskussion eröffnen über den Rückzug ihrer Nuklearwaffen aus den fünf europäischen Ländern mit nuklearer Teilhabe: Deutschland, Italien, die Niederlande, Belgien und die Türkei. Wenn die USA diese Vorhaben auf den Verhandlungstisch legen würden, wäre es für die Ukraine und Russland leichter, eine beiderseits annehmbare Waffenstillstandsvereinbarung zu erreichen, und es gäbe den Russen mit der Deeskalation des Kalten Krieges einen vorzeigbaren Gewinn, den sie ihren Bürgern gegen die Rückkehr ihrer Truppen aus der Ukraine vorzeigen könnten.

Diese Vorschläge sind deshalb so wichtig, weil sie das Problem Ukraine – Russland auf die richtige Ebene der Blockkonfrontation heben. Es geht um den großen Rahmen eines immer heißer werdenden Kalten Krieges. Doch so richtig die Vorschläge auch sind, es fehlt in den USA an politischen Kräften, die die US-Regierung, die genau in die andere Richtung will, zu ihrer Realisierung drängen könnten. Das *Bulletin of the Atomic Scientists*, 1945 von Albert Einstein und Kollegen gegründet, stellte die »Uhr zum Jüngsten Tag« für 2023 auf 90 Sekunden vor Mitternacht und erklärte dazu: »Dieses Jahr stellt der ›Science and Security Board of the Atomic Scientists‹ die Uhr zum Jüngsten Tag vor, weitgehend (wenn auch nicht ausschließlich) wegen der wachsenden Gefahren des Kriegs in der Ukraine. Die Uhr steht jetzt 90 Sekunden vor Mitternacht – so kurz vor der globalen Katastrophe wie noch nie.« (vgl. thebulletin.org/doomsday-clock/current-time)

Änderungen in Russland?

Lutz Brangsch erläutert überzeugend, dass es, »auch wenn in den westlichen Medien immer wieder versucht wird, einen Zerfall der politischen Macht in Russland zu suggerieren, ... es im Moment keine Anzeichen für eine schnelle Veränderung der Machtstrukturen (gibt)«. (Brangsch 2022) Die »unvermeidlich kommenden Umbrüche« würden sich als Bewegung der Eliten abspielen und nicht als eine Bewegung des Volkes. Den Gruppen der akademischen Eliten, die eine »Neue Industrialisierung 2.0« oder »4.0« anstreben, traut er offenbar keine durchschlagende politische Kraft zu. Tatsächlich stehen ihnen die wirtschaftlichen und politischen Eliten der gegenwärtigen Wertschöpfung eher entgegen. In Brangschs Worten: »Die Logiken von Macht und Innovation blockieren sich gegenseitig.« Womit auch Putins Linie »der Erneuerung Russlands als innovationsorientierte Industriemacht« blockiert ist, die durch den Sanktionskrieg weiter behindert wird. Für eine längere Phase und in Abhängigkeit des weiteren Verlaufs von Krieg und Wirtschaftskrieg, der Russland bisher weniger geschadet hat als Deutschland, wird sich die mit Putin verbundene Linie weiter durchsetzen. In der Frage des Ukraine-Kriegs geht es eher darum, ob der Krieg begrenzt bleiben oder ausgeweitet werden soll.

Auch die heftigen Anstrengungen emigrierter russischer Eliten können an der Fortführung der bisherigen Linie wohl nichts ändern. Deren wichtigste ist das vom früheren Oligarchen Michail Chodokorwski gegründete »Russian Action Committee«, das im Spätsommer 2022 (31.8.-2.9.) in Vilnius einen »Kongress des freien Russlands« veranstaltete, der die aktivsten Teile der Emigrantenopposition mit ihren europäischen Partnern zusammenbrachte, einschließlich der feministischen Anti-Putin-Gruppen und der

Kriegsdienstverweigerer. An vier Tagen wurden in verschiedenen Panels Themen diskutiert wie »Das Bild der Zukunft und eine intellektuelle Alternative zum Putin-Regime« oder »Die Erfahrung von Graswurzel-Antikriegsinitiativen in Russland und Europa« und »Digitale Werkzeuge für den Antikriegsaktivismus«. Garri Kasparow, der Ex-Schachweltmeister, moderierte die Diskussion »Krieg in der Ukraine: der letzte Krieg des Russischen Empire?« (vgl. ruskd.com/en/conf-en) So illuster die Gästeschar gewesen sein mag, ihre Resonanz in den mittel- und westeuropäischen Gesellschaften oder gar in Russland war gering. Dennoch legen die Vielzahl und die Entschlossenheit der in Vilnius versammelten Gruppen »nahe, dass die neoliberale Opposition hier ihre Hoffnungen auf einen Putsch unter Beteiligung des Westens durch ein breites Bündnis fundieren will«. (Brangsch 2022) Das Resultat ihrer Anti-Putin-Bewegungen wird abhängen vom Verlauf des Krieges, ob sich der Westen wirklich auf das Ziel beschränkt, die Souveränität der Ukraine wiederherzustellen, oder ob es ihm letzten Endes doch um den Regimewechsel in Moskau geht, bei einem Kampf bis zum letzten Ukrainer.

Der Waffenkrieg wird sich mit Sicherheit weiter verschärfen, denn der Wirtschaftskrieg gegen Russland zeigt nicht die gewünschten Ergebnisse. Steingart überschreibt seinen Text für den *Focus* gar so: »Der Westen will Putin in die Knie zwingen – und scheitert grandios.« (focus.de, 1.2.2023) Der Westen hat Russland zwar vom internationalen Zahlungsverkehr SWIFT ausgeschlossen, und doch hat der Rubel im Februar 2023 fast 10 % über dem Vorkriegsniveau notiert. Die russischen Exporte übertreffen die Importe bei weitem. Auch wächst Russlands Wirtschaft laut IWF schneller als die deutsche, 2024 sogar deutlich schneller. (IWF 2023) Nicht einmal neun Prozent der EU- und G7-Konzerne, die in Russland Direktinvestitionen getätigt haben, haben dort ihre Tochterunternehmen aufgelöst. Das Fazit der Autoren einer Studie auf der Website des *Focus* »Vielleicht sind sich die westlichen Politiker und Wirtschaftsführer nicht so einig, was die Vorzüge der Entkopplung angeht.« (focus.de/orte/russland)

In Deutschland: Die Friedensbewegung muss die Friedensfrage mit der sozialen und der Umweltfrage verbinden

Im Kampf gegen die Stationierung neuer US-amerikanischer Atomraketen in der Bundesrepublik vor vierzig Jahren standen neben den langerprobten Friedens- und Freiheitsaktivisten aus den Zeiten des Vietnamkriegs und der lateinamerikanischen Befreiungskämpfe auch ein Ex-SPD-Kanzler Brandt, ein Hamburger Juso-Landesvorsitzender Scholz, Vorsitzende von Industriegewerkschaften, ein Ex-General der Bundeswehr, Gert Bastian, Grünen-Vorstände wie Petra Kelly. Einem breiten Spektrum der bundesdeutschen Gesellschaft war klar, dass Atomraketen auf deutschem Boden, die in Minutenschnelle die Sowjetunion erreichen würden, die Gefahr des Atomkriegs mitten in Europa bedeuteten. Und mehr in der Mitte von Europa zu liegen als Deutschland, vermag kein anderes Land. Das tut es auch heute noch, nach der Vereinigung mit der DDR mehr denn je. Und auch heute droht die Gefahr eines bis zum Atomwaffeneinsatz eskalierenden Krieges. Doch der SPD-Vorsitzende Lars Klingbeil sagt, Deutschland habe »nach knapp 80 Jahren der Zurückhaltung heute eine neue Rolle im internationalen Koordinatensystem« und müsse »militärische Gewalt als ein legitimes Mittel der Politik sehen«. (zit. nach: Wimmer 2022) Der SPD-Kanzler ordnet stets nach wenigen Wochen das nächsthöhere Paket an Lieferungen schwerster Waffen und Kampfmittel an, obwohl die Gegenseite seit langem unmissverständlich droht, die Schwelle zum Atomwaffeneinsatz sei bald erreicht. Der deutsche Kanzler bleibt bei seiner zynischen Logik: Wir geben der Ukraine zwar die Waffen zum Sieg, aber wir sind keine Kriegspartei. Die Leitmedien des Landes kritisieren den Kanzler schwer, aber nicht, weil er nichts für den Frieden tue, sondern weil er nicht schnell genug den Krieg eskaliere. Die grüne Außenministerin erklärt vor dem Europaparlament Russland den Krieg, nachdem sie schon seit Monaten zum Ziel setzt, Russland »zu ruinieren«. Der grüne Wirtschaftsminister verbeugt sich ›wegen Öl‹ tief vor arabischen Despoten, für die Demokratie ein Ausdruck westlicher Dekadenz ist. Für die Verteidigung »unserer Werte« müssen Opfer gebracht werden, sagt der Wirtschaftsminister mit dem treuesten Hundeblick im westlichen Bündnis.

Die veröffentlichte Meinung beginnt sich zu ändern

Deutschlands Öffentlichkeit fällt bislang mehrheitlich auf die Propaganda des Westens herein, die nirgendwo so massiv und fast allumfassend verabreicht wird wie hierzulande. Ende Januar 2023 melden die Demoskopen, dass 54 % der Deutschen die Lieferung von Kampfpanzern richtig finden, 40 % sogar »eindeutig richtig«. 37 % finden sie falsch, 32 % »eindeutig falsch«. (Spiegel, 28.1.2023) Doch beginnt sich mit dem Anfang des Jahres 2023 ein leiser Umschwung in der veröffentlichten Meinung anzudeuten. In seinem *Pioneer Briefing* vom 30.1.2023 pickt Gabor Steingart die »5 Fehler des Kriegspräsidenten« Selenskyj auf: 1) Er verlange zu viel und dieses viel zu schnell. 2) Er lehne Friedensverhandlungen ab. 3) Sein engster Zirkel würde die Schauspielerei, aus der die meisten kommen, übertreiben. 4) Sein eigenes Team sei ein korrupter Haufen. Neun Minister seines engsten Kreises hätte er wegen Korruption auf Druck der Presse entlassen müssen. 5) Der »Kulturkampf gegen Russland« sei absolut falsch. Sein Kultusminister habe verlangt, dass Musik von Tschaikowski im Westen nicht mehr gespielt werde. Der Feind sei aber nicht Russland, sondern Putin. Im Übrigen seien russische und deutsche Kultur seelenverwandt. (thepioneer.de, 30.1.2023)

Das sind bislang unerhörte Töne. »Wir sind Ukraine und Ukraine sind wir«, sagte EU-Ratspräsident Michel. Sind »wir« denn alle korrupt? Denn die Ukraine stand in der Korruptionsskala der Welt für das Jahr 2021 auf Platz Nr. 122, gleichauf mit Angola und der Mongolei. (Transparency International 2022) Das Land ist zwar von Russland völkerrechtswidrig angegriffen worden, aber in Sachen Korruption und Kleptokratie kann es dem Nachbarn das Wasser reichen. Die beiden sind die korruptesten Länder Europas. Das heißt nicht, dass Alemannen und Gallier, Deutsche und Franzosen höhere Werte beherzigen als die Osteuropäer, sondern dass die politischen Eliten dieser Länder allesamt auf niedrigen Stufen der Demokratie stehen, die Ukraine und Russland aber gleichermaßen tief unten. Hat Monsieur Michel angesichts der korrupten Kolleginnen und Kollegen im Europaparlament womöglich doch recht, nur in umgekehrtem Sinn? Jedenfalls ist es von allen Seiten aus absurd zu behaupten, in der Ukraine würden »unsere Werte« verteidigt. Dass ein deutsches Mainstream-Medium wie das *ARD*-Fernsehen dies so offen zugibt, ist neu. (tagesschau.de, 24.6.2022)

Neu ist auch, dass diese Medien, wenn auch zunächst die eher »wissenschaftlichen«, die Gefahr eines Atomkrieges klar und nüchtern thematisieren. Im *IPG-Journal* der Friedrich-Ebert-Stiftung entwirft ebenfalls am 30.1.2023 der Ex-Brigadegeneral Helmut W. Ganser, noch dazu Diplom-Psychologe und Diplom-Politologe, ein Szenario der Frühjahrsoffensive der Ukraine mit den neuen Panzerwaffen, nämlich die Panzerschlacht an der Südfront mit Vorstoß der ukrainischen Armee zum Asowschen Meer. In der Diktion des gelernten Stabsoffiziers: »Kiew hat die mit westlichen Panzern und Schützenpanzern ausgerüsteten Verbände im Schwerpunkt des Angriffs eingesetzt. Aufgrund der überlegenen Feuerkraft, Panzerung und Beweglichkeit insbesondere der Leopard-2-Panzer stoßen sie nach wenigen Tagen auf Zwischenziele nordöstlich Melitopol vor. Führung, Kampfkraft und Motivation in den russischen Verbänden erweisen sich erneut als schwach, während die ukrainischen Truppen das Gefecht der verbundenen Waffen besser beherrschen, als von westlichen Militärexperten erwartet. Leopard-Panzerspitzen erreichen Ortschaften kurz vor der Küste und stehen gegenüber der Krim. Im Zuge des ukrainischen Vorstoßes zerstören HIMARS-Raketen aus amerikanischer Produktion an einigen Stellen die neue russische Brücke bei Kertsch und machen sie damit für die Versorgung der Krim unbrauchbar. Russland antwortet darauf mit dem bisher massivsten Luftangriff auf Kiew, wo zahlreiche Opfer zu beklagen sind und die Stromversorgung zusammenbricht.« (Ganser 2023) Das Drama nimmt seinen Lauf. Russland erklärt, es sehe jetzt die NATO-Staaten, die schwere Waffen geliefert haben, als direkte

Kriegsgegner an. Damit weite sich das Gesamtkriegsgebiet auf das Territorium der westlichen Unterstützerstaaten aus. Putin erklärt ferner, er habe Verteidigungsminister und Generalstab angewiesen, einem Teil der nuklearfähigen Raketentruppen die in Depots gelagerten atomaren Gefechtsköpfe zuzuführen. Wenn die Unterbindung der Versorgung der Krim über die Landbrücke nicht zurückgenommen werde, müsse Russland dies mit taktischen Atomwaffen erzwingen.

Im Planspiel des Ex-Generals kündigt China jetzt überraschend die bisher größten Manöver seiner Seestreitkräfte in der Straße von Taiwan an. Die ersten Kriegsschiffe sind schon ausgelaufen. Die USA und die NATO-Partner stehen am Rande einer atomaren Eskalation, deren Konsequenzen für den europäischen Kontinent nicht kalkulierbar sind. »In Berlin beginnen große Demonstrationen für eine unverzügliche Kriegsbeendigung mit dem Slogan ›Stoppt den Wahnsinn‹«.

Die Frage wird sein, ob die ›großen Demonstrationen‹ nicht nur im Planspiel des Ex-Bundeswehrgenerals, sondern auch in der Wirklichkeit stattfinden, und zwar möglichst weit vor der akuten Gefahr des atomaren Knalls. Wird die Öffentlichkeit die tragischen Abläufe in der und um die Ukraine klarer sehen – werden Gewerkschaften und soziale Bewegungen diese eine Aufgabe als die wesentliche, gemeinsame in dieser Phase der Weltgeschichte erkennen: den Krieg zu verhindern und alle materiellen, physischen und geistigen Potenzen der Gesellschaft zu mobilisieren, sie für ein gutes Leben für alle, für die Gesundung von Mensch und Umwelt zu nutzen?

Deutschland 2023/24:
Rezession, Reallöhne runter, Inflation hoch, Zinsen steigen
Die deutsche Wirtschaft ist um die Jahreswende 2022/23 in die Rezession abgerutscht. Im 4. Quartal 2022 betrug das Wachstum minus 0,2 %. Für das erste Quartal 2023 wird ein weiteres Abrutschen um 0,4 % vorausgesagt. »Damit wird die Wirtschaftsleistung wieder niedriger sein als noch vor Ausbruch der Corona-Pandemie im

Bankenumfrage		
Bank/Verband	BIP-Wachstum 2023	Inflation 2023
BVR	-0,6 %	6,5 %
Commerzbank	-0,5 %	6,5 %
Deutsche Bank	-1,0 %	7,1 %
DSGV	-0,8 %	8,0 %
DZ Bank	-1,9 %	7,6 %
ING Deutschland	-0,8 %	5,5 %
KfW	-1,0 %	6,2 %

Quelle: Creditreform – Bankenumfrage, Teil 1, 31.1.2023; BVR = Bundesverband der Deutschen Volksbanken und Raiffeisenbanken; DSGV = Deutscher Sparkassen- und Giroverband; KfW = Kreditanstalt für Wiederaufbau

Jahr 2019«, heißt es in einer ifo-Pressemitteilung (30.1.2023). Die ifo-Volkswirte merken an, dass die Inflation und steigende Zinsen die Konsumausgaben und die Bauinvestitionen weiter sinken lassen werden. Noch weit pessimistischer blicken die Banken in die nächste Zukunft.

Die Deutsche Bank und die Kreditanstalt für Wiederaufbau (KfW) liegen mit ihren Voraussichten von -1,0 %-BIP-Wachstum und 7,1 bzw. 6,2 % Inflation im Mittelfeld der Prognosen. »Anders als Finanzkrise oder Pandemie«, erläutert der Chefvolkswirt der ING die Zahlen, »trifft die aktuelle Energiekrise die Wirtschaft nur langsam, aber stetig. Es ist ein Hineinrutschen in die Rezession und nicht ein Hineinstürzen.« Das Vergleichsportal Verivox und der Bund der Steuerzahler rechneten für einen Vier-Personen-Haushalt mit Energie-Mehrkosten von 2.400 Euro im Jahr, womit die Kauflaune sänke und die Sparneigung steige. Der große Energiebedarf der Wirtschaft treibe Kosten und Preise. Langfristig würde auch der Staat durch geringere Steuereinnahmen in seinen Handlungsmöglichkeiten beschränkt.

Außerdem beengt der anhaltende Materialmangel in der Industrie die Produktion.

Knappheit von Vorprodukten im verarbeitenden Gewerbe	
Branche	Nennung in %
Verarbeitendes Gewerbe	48,4
Datenverarbeitungsgeräte	79,4
Maschinenbau	75,2
Automobilindustrie	74,4
Elektrische Ausrüstungen	62,7
Getränkeherstellung	34,0
Herstellung von Nahrungs- und Futtermitteln	30,7
Chemische Industrie	25,5

Quelle: ifo-Pressemitteilung, 2.2.2023

Wegen der großen Materialknappheit – in der Autoindustrie haben drei von vier, in der gesamten Industrie hat fast jedes zweite Unternehmen zu wenig Material – können die Unternehmen ihre hohen Auftragsbestände nur langsam abarbeiten. Dies ist ein langfristiger Trend, da nach der Pandemie die Sanktionsregimes für eine Auflösung und Neugruppierung der internationalen Lieferketten gesorgt haben. Diesen Angebotsengpass kann der Staat durch »Konjunkturprogramme« nicht überwinden, er würde mit der vermehrten Nachfrage nur die Preise erhöhen.

Deutschland ist heute noch enger an die USA gebunden als vor der Krise

Die deutsche Abhängigkeit von den USA ist im Ukraine- und im Wirtschaftskrieg noch enorm gestiegen. Die Gefahr eines Atomkrieges mitten in Europa zwingt Deutschland und die anderen Europäer, einen höheren Preis für die »Bündnispflicht« der USA zu zahlen. Der 100-Milliarden-Euro-Hochrüstungs-Wumms war eine erste Anzahlung. Auf der wirtschaftlichen Seite hat sich die Abhängigkeit genauso erhöht. Die USA haben China noch 2022 als wichtigsten Handelspartner Deutschlands abgelöst. Mit dem drohenden Wegfall des chinesischen Anlagefeldes werden sich die

Auslandsinvestitionen deutscher Unternehmen nun noch stärker als bisher auf die USA konzentrieren. Mit Stand Jahresende 2020 beläuft sich der Bestand unmittelbarer und mittelbarer deutscher Direktinvestitionen in den USA auf über 352 Milliarden Dollar. (Deutsche Bundesbank, 6.5.2022) An zweiter Stelle steht Großbritannien mit nur gut 120 Milliarden Dollar. Hinter dem Drittplatzierten, dem reinen Kapitalumschlagsplatz Luxemburg, folgte damals schon China mit 90 Milliarden Dollar an vierter Stelle, und die deutschen Bestände wurden dort mittlerweile beträchtlich erhöht. Diese Bestände und weitere Mittel, die deutsche Kapitalisten nicht in Deutschland investieren wollen, werden sie künftig vor allem in den USA unterzubringen suchen, dem größten nationalen Markt auf der Erde, noch wichtiger in einer durch antagonistische Blöcke geteilten Welt.

Zu den militärischen und wirtschaftlichen engen Bindungen kommt noch das kulturelle Band. Mag Gabor Steingart davon schwärmen, dass die deutsche und die russische Kultur seelenverwandt seien, für die deutschen Eliten gilt das nicht. Die wissenschaftlichen, politischen, kulturellen und medialen »Führungskräfte« sind gründlich amerikanisiert, amerikanisch steht ihnen näher als wienerisch, Madonna näher als Tschaikowsky und Hemingway näher als Tolstoi. Auch die deutsche Massenkultur interessiert sich mehr für Oscar und Grammy als für den Büchner-Preis oder das Stadttheater um die Ecke. Wenn Kulturen denn Seelenverwandtschaften pflegen, dann reicht das Band der modernen deutschen eher nach Hollywood als nach Sankt Petersburg. Die Spitzen der deutschen Eliten sind darüber hinaus in eine globale Elite integriert, die sich alljährlich in Davos zum World Economic Forum trifft und die nationalen Alleingängen vorbeugt und für den Zugriff der großen multinationalen Konzerne auf die jeweilige nationale Politik sorgt. (Fazi 2023b) Einen Euro-Imperialismus, der sich gegen den Dollar-Imperialismus stellt, wie ihn Gudopp-von Behm versuchsweise vorstellt, wird es so bald nicht geben. (Gudopp-von Behm 2023)

Krieg und Wirtschaftskrieg sind fatal für die Lohnabhängigen

Wer von seiner Arbeit leben muss oder von Rente oder Sozialleistungen, der hat viel mehr unter dem Krieg und seinen Folgen zu leiden als die Sammelzahl »7,9 % Inflation« aussagt. Diese Menschen, die große Mehrheit der Bevölkerung, müssen den Großteil ihres Einkommens für Mieten und alltäglichen Bedarf ausgeben und die Güter für diesen oft bescheidenen Lebensstandard sind weit über das amtliche Statistikmaß hinaus teurer geworden.

Die größten Preistreiber im Jahr 2022	
Güter	Inflationsrate
Heizöl	74,1 %
Feste Brennstoffe	54,0 %
Gas	47,2 %
Speisefette und -öle	36,2 %
Kraft- und Schmierstoffe für Fahrzeuge	26,7 %
Fernwärme	23,4 %
Strom	20,1 %
Molkereiprodukte und Eier	19,7 %
Fleisch und Fleischwaren	14,6 %
Brot und Getreideerzeugnisse	13,5 %

Quelle: ifo-Schnelldienst digital 1/2023, 1.2.2023

Die IG Metall hat Tarifabschlüsse von (auf ein Jahr bezogen) rund 5 % erhalten, andere Gewerkschaften erzielten und erzielen bisher nicht mehr. Das bedeutet, dass die betroffenen Lohnabhängigen einen horrenden Einkommensverlust hinzunehmen hatten, wenn man sich die Liste der für sie wichtigen Güter des alltäglichen Bedarfs vor Augen hält. Sie werden 2023 ähnlich große Verluste verbuchen müssen. Der Krieg wird für sie zur Lebensbedrohung, der Wirtschaftskrieg bedroht ihre soziale Existenz. Das gilt für sie wie für alle, die von ihrer Arbeit oder von ihrer Rente oder von Sozialleistungen leben.

Die Ukraine-Krieg führt zu schweren Umweltschäden

Natürlich führt ein Krieg zu ultimativen Umweltschäden. Doch nicht nur der Krieg der Waffen in der Ukraine ruiniert die Umwelt bis hin zur drohenden Katastrophe im Atomkraftwerk bei Saporischschja, auch die Ersetzung von »Russengas« durch US-Fracking-LNG und australische Kohle führt zu einem »Schub für die Klimazerstörung«. (Garnreiter 2023) US-LNG ist fast zu hundert Prozent Frackinggas, dessen Fördermethode Methan freisetzt, das »25- bis 80-mal so klimazerstörerisch ist wie CO_2«. Für die Verflüssigung und den Transport des Flüssiggases nach Europa wird Energie verbraucht, die »bis zu einem Viertel der zu transportierenden Gasmenge entspricht«. (ebd.; weitere Fakten zur Klimazerstörung durch den Verzicht auf russisches Erdgas vgl. Garnreiter 2022)

Darüber hinaus haben die Blockade von Nord-Stream-Gas und die Preisexplosion am Gasmarkt zu einer vermehrten Nutzung von Kohle- statt Gaskraftwerken geführt, »teilweise Kohle, die den Weg um die halbe Welt von Australien her nach Europa nahm – ein absurder klimapolitischer Unsinn. Genauso wie der vermehrte Abbau von Braunkohle.« Die Bewegung für Umwelt- und Klimaschutz gehört also schon wegen ihrer ureigenen Ziele in die Reihen der Friedensbewegung.

Waffenkrieg und Wirtschaftskrieg
fressen die öffentlichen Gelder auf

Deutschland braucht dringend öffentliche Investitionen in den Ausbau der Digitalisierung, des Umweltschutzes, der Verkehrsinfrastruktur, der Energieversorgung, des Gesundheitswesens, des Bildungs- und Kinderversorgungswesens, der Rentenversicherung, der Sozialleistungen. Das gesamte wirtschaftliche und soziale System der Bundesrepublik ist reparaturbedürftig. Doch ist für die dringendsten Ausgaben »kein Geld da«. Es gibt aber zwei große Ausnahmen: einmal für die Rüstung, zum anderen für den Wirtschaftskrieg gegen Russland.

11. WO SIND KRÄFTE FÜR DEN FRIEDEN?

Für die militärische Seite der »Zeitenwende« hat die Bundesregierung ein »Sondervermögen« von 100 Milliarden Euro bereitgestellt. Schon die Wortwahl verrät die Schwindelabsicht der Regierenden. Es handelt sich nicht um Vermögen, sondern um Schulden. Deshalb »Sonder-«, weil sie nicht im normalen Haushalt auftauchen und deshalb auch nicht unter die »Schuldenbremse« fallen. Für Gesundheit, Bildung, soziale Sicherung gilt die Bremse, für Rüstung nicht. Die Wehrbeauftragte des Bundestages, die SPD-Abgeordnete Eva Högl, fordert bereits die Aufstockung des Sondervermögens von 100 auf 300 Milliarden Euro. »Politik und Industrie« müssten nun »gemeinsam einen Plan entwickeln, welche neuen Produktionslinien wir brauchen«. (german-foreign-policy.com, 17.1.2023; Frankfurter Allgemeine Sonntagszeitung, 14.1.2023) Man arbeitet am nächsten großen Schritt vom Wirtschaftskrieg hin zur Kriegswirtschaft.

Noch größer fallen bislang die Kosten des »Energiekrieges« aus. Der Wirtschaftsnachrichtendienst *Bloomberg* beziffert die Kosten für die deutschen Energieverbraucher (Unternehmen und Privathaushalte) auf 440 Milliarden Euro. (Bloomberg News, 18.12.2022) Die Untertitel der *Bloomberg*-Information lauten: »Die hohen Preise könnten Jahre anhalten und Hilfe wird unerschwinglich / Erleichterung an den globalen Gasmärkten ist nicht vor 2026 zu erwarten«. Franz Garnreiter macht dazu eine interessante Rechnung auf, die auf den Unterschied zwischen Importpreisen und Verbraucherpreisen für Gas verweist. Zwar stiegen die Importpreise von 2020 bis 2023 in der Tat um fast das Zehnfache, aber die Differenz zwischen Import- und Verbraucherpreis wächst in dieser Zeit auch ständig, von 4,41 ct/kWh auf über 10 ct/kWh. Offenbar haben die Gasverteiler nochmals einen gehörigen Profitzuschlag obendrauf gelegt. Der Gasverbrauch in Privathaushalten und Kleingewerbe beträgt rund 400 Milliarden Kilowattstunden. (Garnreiter 2023) Im Jahr 2023 streichen die Gasverteiler also einen Extraprofit von rund 40 Milliarden Euro minus gestiegene Verteilerkosten ein.

Fazit

Der Krieg um die Ukraine beschädigt die Interessen der großen Mehrheit der deutschen Bevölkerung, er mindert den »Wohlstand« erheblich, er kürzt den Lohnabhängigen ihren Lebensstandard empfindlich und er treibt die Armen unter das Existenzminimum. Die dringend erforderliche Reparatur des gesamten sozialen und materiellen Gesellschaftsgefüges wird hinter Hochrüstung und Militarisierung zurückgestellt. Dieser einschneidende gesellschaftliche Rückschritt wird einhergehen mit Versuchen, demokratische Rechte abzubauen und autoritäre Formierungen der Gesellschaft durchzusetzen. Kriegswirtschaft und Kriegspropaganda sind Nährboden für Nationalismus und Rechtsextremismus. Die von den USA betriebene Konfrontation der beiden geopolitischen Blöcke könnte die Welt in ein atomares Inferno stürzen. Wirtschaftskrieg und Kriegswirtschaft beschädigen Klima und Umwelt.

Die Welt braucht statt der Konfrontation eine friedliche Koexistenz von Staaten mit unterschiedlichen politischen Systemen und in unterschiedlichen Etappen der industriellen und postindustriellen Transformation. Die Friedensbewegung muss dazu kommen, ihre Fraktionskämpfe zu überwinden und sich der Mobilisierung der Gewerkschafts- und der Umweltbewegung als notwendigen Teilen einer globalen Friedensbewegung zuzuwenden. Deutschland als Nr. 2 der transatlantischen Formation des Westens kommt dabei eine besondere Bedeutung zu. Statt als Rammbock gegen Russland zu operieren und nun auch noch als Militärmacht im Pazifik, sollten Deutschland und die EU zu einem konstruktiven Verbindungsfaktor zu Osteuropa und Eurasien werden. Die jetzige global operierende Elite des deutschen Kapitals mitsamt ihren politischen Anhängseln in Regierung, Parlament und Medien ist dazu nicht bereit. Sie muss durch Protestaktionen und politische Interventionen der Friedenskräfte dazu gezwungen werden.

Literatur und Quellen

Arbeitsagentur, November 2022: Monatsbericht zum Arbeits- und Ausbildungsmarkt, PDF, www.arbeitsagentur.de/datei/arbeitsmarktbericht-november-2022_ba147739.pdf

Auswärtiges Amt 2022/23: Solange wie nötig: Deutschlands Unterstützung für die Ukraine, auswärtiges-amt.de/de/aussenpolitk/laender/ukraine-solidaritaet/2513956

BASF, 22.11.2022: BASF eröffnet ihren größten Standort für Oberflächentechnik in Pinghu/China, www.basf.com/global/de/media/news-releases/2022/11/p-22-418.html

BDI – Bundesverband der Deutschen Industrie 2021: Außenwirtschaftliche Zusammenarbeit mit Autorkratien, bdi.eu/publikation/news/aussenwirtschaftspolitische-zusammenarbeit-mit-autokratien

Bloomberg News, 18.12.2022: Europe's $1 Trillion Energy Bill Only Marks Start of the Crisis, www.bloomberg.com/news/articles/2022-12-18/europe-s-1-trillion-energy-bill-only-marks-start-of-the-crisis

BMAS (Bundesministerium für Arbeit und Soziales), 2.12.2022: Übersicht über die Bürgergeld-Regelungen nach Inkrafttreten, Website

BMWK (Bundesministerium für Wirtschaft und Klimaschutz) (2022a): Fakten zur deutschen Außenhandel, 1.8.2022, PDF-Datei, www.bmwk.de/Redaktion/DE/Publikationen/Aussenwirtschaft/fakten-zum-deutschen-aussenhandel-2022.pdf

BMWK (2022b): Erster Fortschrittbericht Energiesicherheit, 25.3.2022, PDF, https://www.bmwk.de/Redaktion/DE/Downloads/Energie/0325_fortschrittsbericht_energiesicherheit.pdf

Brangsch, Lutz (2022): Wer hat die Macht in Russland?, Luxemburg, Dezember 2022, zeitschrift-luxemburg.de/artikel/wer-hat-die-macht-in-russland

Bundesregierung (2022): Wir entlasten Deutschland, www.bundesregierung.de/breg-de/themen/entlastung-fuer-deutschland

Bundesregierung (2023): Solidarität der EU mit Ukraine: EU Sanktionen gegen Russland, www.bundesregierung.de/breg-de/themen/deutsche-einheit/sanktionen-gegen-russland-2009596, abgerufen am 22.3.2023

Bundeswehr-Journal (2019): www.bundeswehr-journal.de/2019/geheime-atomwaffenübung-steadfast-noon

CIA (2022): The World Factbook 2022, www.cia.gov/the-world-factbook/
Der Paritätische (2022): Regelbedarfe 2023: Fortschreibung der Paritätischen Regelbedarfsforderung, PDF, www.der-paritaetische.de/fileadmin/user_upload/Seiten/Presse/docs/Kurzexpertise_PariForschungsstelle_Regelbedarfsermittlung2023.pdf
destatis.de (= Statistisches Bundesamt) (o. J.): Außenwirtschaft, www.destatis.de/DE/Themen/Wirtschaft/Globalisierungsindikatoren/aussenwirtschaft
destatis.de (o. J.): Daten zur Energiepreisentwicklung – Lange Reihen bis Januar 2023, 2.3.2023, www.destatis.de/DE/Themen/Wirtschaft/Preise/Publikationen/Energiepreise/energiepreisentwicklung-pdf-5619001.pdf
destatis.de (o. J.): Forschung – Entwicklung, www.destatis.de/DE/Themen/Gesellschaft-Umwelt/Bildung-Forschung-Kultur/Forschung-Entwicklung/_inhalt.html
destatis.de (o. J.): Verbraucherpreisindex und Inflationsrate, www.destatis.de/DE/Themen/Wirtschaft/Preise/Verbraucherpreisindex/_inhalt.html
destatis.de (o. J.): Verdienste nach Branchen und Berufen, www.destatis.de/DE/Themen/Arbeit/Verdienste/Verdienste-Branche-Berufe/_inhalt.html
destatis.de (o.J.): Wirtschaftswachstum, www.destatis.de/DE/Themen/Querschnitt/Corona/_Grafik/_Interaktiv/bip-1950-2019.html
detatis.de (2021): Private Haushalte – Einkommen und Konsum. 6.4 / Private Vermögen – Höhe, Entwicklung und Verteilung, PDF, www.destatis.de/DE/Service/Statistik-Campus/Datenreport/Downloads/datenreport-2021-kap-6.pdf
destatis.de, 29.9.2022: Pressemitteilung Nr. N 061, www.destatis.de/DE/Presse/Pressemitteilungen/2022/09/PD22_N061_12_13.html
destatis.de, 5.10.2022: Pressemitteilung Nr. N 062, www.destatis.de/DE/Presse/Pressemitteilungen/2022/10/PD22_N062_63.html
destatis.de, 25.11.2022: Pressemitteilung Nr. 493, www.destatis.de/DE/Presse/Pressemitteilungen/2022/11/PD22_493_811.html
destatis.de, 29.11.2022: Pressemitteilung Nr. 497, www.destatis.de/DE/Presse/Pressemitteilungen/2022/11/PD22_497_62321.html
destatis.de, 2.12.2022: Mehr als ein Drittel (37 %) der monatlichen Konsumausgaben entfallen aufs Wohnen, www.destatis.de/DE/Themen/Gesellschaft-Umwelt/Einkommen-Konsum-Lebensbedingungen/Konsumausgaben-Lebenshaltungskosten/aktuell.html
destatis.de (2023): Statistisches Länderprofil Deutschland, 9.2.2023, PDF, www.destatis.de/DE/Themen/Laender-Regionen/Internationales/Laenderprofile/deutschland.pdf
Deutsche Bundesbank: Monatsbericht Juli 2021, www.bundesbank.de/de/publikationen/berichte/monatsberichte/monatsbericht-juli-2021-869512
Deutsche Bundesbank, 6.5.2022: Direktinvestitionsstatistiken, PDF, www.bundesbank.de/resource/blob/804098/69c321bdadfbe11b9f08e76834b50e18/mL/ii-bestandsangaben-ueber-direktinvestitionen-data.pdf

LITERATUR UND QUELLEN

Deutsche Bundesbank / Statistisches Bundesamt, Dezember 2022: Außenhandel und Dienstleitungen mit dem Ausland, XLSX-Datei, www.bundesbank. de/resource/blob/615572/58f965eb0837ca97e677bdb861c67bcc/mL/aussenhandel-und-dienstleistungen-der-bundesrepublik-data.xlsx

Deutscher Bundestag, Wissenschaftliche Dienste (BT-WD), 16.3.2022: Rechtsfragen der militärischen Unterstützung der Ukraine durch NATO-Staaten zwischen Neutralität und Konfliktteilnahme. AZ: WD 2 – 3000- 019/22, bundestag.de/resource/blob/892384/d9b4c174ae0e0af275b842b143b2308/WD-2-019-22pdf-data.pdf

Die Zeit, 24.11.2022: Robert Pausch/Mark Schieritz, Warum holt sich Robert Habeck eine Heuschrecke in sein Ministerium?

emma.de, 12.1.2023: Was sind die Kriegsziele? Interview mit Erich Vad, www.emma.de/artikel/erich-vad-was-sind-die-kriegsziele-340045

Enzensberger, Hans Magnus (1967): Deutschland, Deutschland unter anderm, Frankfurt a.M.

Europäischer Rat (2022/2023a): Russische Invasion in die Ukraine: Reaktion der EU, www.consilium.europa.eu/de/policies/eu-response-ukraine-innovation/eu-solarity-ukraine/

Europäischer Rat (2022/2023b): Die EU-Sanktionen gegen Russland im Detail, www.consilium.europa.eu/de/policies/sanctions/restrictive-measures-against-russia-over-ukraine/sanctions-against-russia-explained/

Fazi, Thomas (2023a): Die Deglobalisierung, die wir brauchen, makroskop.eu/02-2023/die-deglobalisierung-die-wir-brauchen, 11.1.2023

Fazi, Thomas (2023b): Die Rückkehr der Davos-Männer, makroskop.eu/04-2023/die-ruckkehr-der-davos-manner, 25.1.2023

focus.de, 19.1.2023: Gabor Steingart, Die USA gewinnen den Ukraine-Krieg (Gastbeitrag), www.focus.de/finanzen/news/gastbeitrag-von-gabor-steingart-bewaffnung-auf-kredit-warum-die-usa-den-ukraine-krieg-gewinnen-werden_id_183364187.html

focus.de, 1.2.2023: Gabor Steingart, Der Westen will Putin ökonomisch in die Knie zwingen – und scheitert grandios (Gastbeitrag), www.focus.de/finanzen/news/gastbeitrag-von-gabor-steingart-der-westen-will-putin-oekonomisch-in-die-knie-zwingen-und-scheitert-grandios_id_184618928.html

Frankfurter Allgemeine Zeitung, 2.11.2022: Darum geht es bei meiner Reise nach China. Von Bundeskanzler Olaf Scholz

Friedman, Thomas L. (2007): The World is flat. A brief History of the Twenty-First Century, New York

Ganser, Helmut W. (2023): Wenn sich der Nebel des Krieges lichtet …, 30.1.2023, www.ipg-journal.de/rubriken/aussen-und-sicherheitspolitik/artikel/wenn-sich-der-nebel-des-krieges-lichtet-6476

Garnreiter, Franz (2022): Wirtschaftskrieg, Gaskrise, Inflation. Auswirkungen in Deutschland, isw-Spezial-Nr. 36, November 2022

Garnreiter, Franz (2023): Der Wirtschaftskrieg in Deutschland: Wohin treibt er Wirtschaft und Gesellschaft?, Online-Beitrag, 1.1.2023, isw, www.isw-muenchen.de/online-publikationen/texte-artikel/5018-17der-wirtschaftskrieg-in-deutschland-wohin-treibt-er-wirtschaft-und-gesellschaft

german-foreign-policy.com, 17.1.2023: »Wie die USA im Zweiten Weltkrieg«, www.german-foreign-policy.com/news/detail/9133

GeVestor.de, 10.8.2022: Die 10 DAX-Unternehmen mit den höchsten Gewinnen, www.gevestor.de/finanzwissen/oekonomie/rankings/die-10-dax-unternehmen-mit-den-hoechsten-gewinnen-736716.html

Grunert, Günther (2022): EU-Gasmarkt: Übertriebene Sorgen?, Makroskop, 24.11.2022, makroskop.eu/41-2022/eu-gasmarkt-ubertriebene-sorgen/

Gudopp-von Behm, Wolf-Dieter (2023): Gesichter einer »Zeitenwende«, Marxistische Blätter 1/2023 (Beilage)

Held, Benjamin (2014): Sind ärmere Haushalte stärker von Inflation betroffen?, Statistisches Bundesamt, Wirtschaft und Statistik, November 2014

Hersh, Seymour (2023): How America Took Out The Nord Stream Pipeline, https://seymourhersh.substack.com/p/how-america-took-out-the-nordstream, 8.2.2023

ifo-Konjunkturperspektiven 11/2022, PDF, www.ifo.de/publikationen/2022/zeitschrift-einzelheft/ifo-konjunkturperspektiven-112022

ifo Institut, Pressemitteilung, 13.1.2023: Einkommensverluste trotz BIP-Wachstum, https://www.ifo.de/pressemitteilung/2023-01-13/einkommensverluste-trotz-bip-wachstum

IG Metall, Presseerklärung, 25.11.2022 (aktualisiert): Verhandlungsergebnis: Entgelterhöhung in zwei Stufen plus 3000 Euro, www.igmetall.de/tarif/tarifrunden/metall-und-elektro/abschluss-ergebnis-erklaert-metall-tarifrunde-2022

INGENIEUR.de, 18.10.2021: Windkraft: Das sind die größten Windradhersteller der Welt, www.ingenieur.de/technik/fachbereiche/energie/das-9-groessten-windradhersteller-welt

Institut der deutschen Wirtschaft(IW) (2022): China-Abhängigkeiten der deutschen Wirtschaft. Von Jürgen Matthes, 19.8.2022

IPPNW (2023): Internationale ÄrztInnen für die Verhütung des Atomkrieges – ÄrztInnen in sozialer Verantwortung, Waffenstillstand und Frieden für die Ukraine, 4. Auflage, Februar 2023, PDF, www.ippnw.de/commonFiles/pdfs/Frieden/Waffenstillstand_und_Frieden_Ukrainekonflikt_Feb2023.pdf

IWF 2022/23: Internationaler Währungsfonds, Länderbericht Russland, www.imf.org/en/Countries/RUS

IWF 2023: World Economic Outlook, Update, January 2023, Inflation Peaking amid Low Growth, www.imf.org/en/Publications/WEO/Issues/2023/01/31/world-economic-outlook-update-january-2023

junge Welt, 22.10.2022: Domenico Losurdo, Wirtschaftskrieg bevorzugt

Kissinger, Henry S. (2022): How to avoid another world war, The Spectator Magazine, 17.12.2022, www.spectator.co.uk/article/the-push-for-peace

Koalitionsvertrag 2021-2025 zwischen SPD, Bündnis90/Die Grünen, FDP: Mehr Fortschritt wagen. Bündnis für Freiheit, Gerechtigkeit und Nachhaltigkeit, 7.12.2021

Lay, Max / Peichl, Andreas (2022): Entlastungen für Haushalte und Unternehmen – Was kostet es den Staat?, ifo Schnelldienst 11/2022

Lenin, Wladimir I. (1979a): Der Imperialismus als höchstes Stadium des Kapitalismus, Ausgewählte Werke, Bd. 1, Berlin/DDR

Lenin, Wladimir I. (1979b): Über die Losung der Vereinigten Staaten in Europa, Ausgewählte Werke, Bd. 1, Berlin/DDR

Lin Piao (1965): Es lebe der Sieg im Volkskrieg, Peking Rundschau, Nr. 37; online (o. Pag.): deutsch.llco.org/es-lebe-der-sieg-im-volkskrieg-von-lin-biao

lostineu.eu (=Lost in Europe. Der unabhängige EU-Blog aus Brüssel), 5.1.2023: Ausblick 2023: Der Wohlstand schwindet, EUropa wird abgehängt, lostineu.eu/ausblick-2023-der-wohlstand-schwindet-europa-wird-abgehaengt

lostineu.eu, 27.1.2023: »Krieg gegen Russland«: Baerbocks Schuß geht nach hinten los, lostineu.eu/krieg-gegen-russland-baerbocks-schuss-geht-nach-hinten-los

Losurdo, Domenico (2022): Eine Welt ohne Krieg. Von den Verheißungen der Vergangenheit bis zu den Tragödien der Gegenwart, Köln

Luxemburg, Rosa (1975): Die Akkumulation des Kapitals. Gesammelte Werke, Band 5, Berlin/DDR

MDR.de, 12.8.2022, Russischer Wirtschaftsexperte: Russland kann Sanktionen trotzen – Interview mit Aleksander Auzan, www.mdr.de/nachrichten/welt/osteuropa/politik/russland-sanktionen-interview-wirtschaftsexperte-auzan-100.html

Meissner, Boris (1962): Das neue Parteiprogramm der KPdSU. 1903-1961, Köln

Mulder, Nicholas (2022): The Sanctions Weapon, Website des Internationalen Währungsfonds, www.imf.org/en/Publications/fandd/issues/2022/06/the-sanctions-weapon-mulder, Juni 2022

n-tv.de, 14.2.2022: Wie Deutschland die Ukraine unterstützt, www.n-tv.de/politik/Wie-Deutschland-die-Ukraine-unterstuetzt-article23125388.html

n-tv.de, 9.1.2023: Die Strategie der SPD heißt bremsen – Kommentar, www.n.tv.de/politik_kommentieren/Die-Strategie -der-SPD-heisst-Bremsen-article23832206.html7

NATO 2022 – Strategic Concept: NATO-Gipfel in Madrid, 29.6.2022, PDF, nato.int/nato_static_fl2014/assets/pdf/2022/6/pdf/290622-strategic-concept.pdf

NZZ, 13.3.2022: Interview mit Pierre Thielbörger in der Neuen Zürcher Zeitung, www.nzz.ch/international/krieg-in-der-ukraine-ab-wann-waere-deutschland-konfliktpartei-ld.1674082

Progressive Caucus, 21.12.2022, Congressional Progressive Caucus Leaders Applaud President Zelensky Speech to Congress, progressives.house.gov/2022/12/congressional-progressive-caucus-leaders-applaud-president-zelensky-speech-to-congress

Putin, Wladimir (2022): Ansprache an die Nation, 24.2.2022

Rangnitz, Joachim (2022): Lieferengpässe in der deutschen Industrie – eine Einordnung, ifo Dresden berichtet 3/2022

rheinpfalz.de, 13.10.2022: IG-BCE-Vorsitzender: BASF-Sparpläne »maximal instinktlos«, www.rheinpfalz.de/lokal/pfalz-ticker_artikel,-ig-bce-vorsitzender-basf-sparpl%C3%A4ne-maximal-instinktlos-_arid,5417126.html

Sachs, Jeffrey, 29.6.2022: Ukraine Is The Latest Neocon Disaster, Tikkun, www.tikkun.org/ukraine-is-the-latest-neocon-disaster

Sachs, Jeffrey / Prodi, Romano et al. (2022): Keine Angst vor Friedensverhandlungen, 6.7.6.2022, PDF, www.sicherheitneudenken.de/media/download/variant/285535/erreichen-eines-gerechten-und-dauerhaften-friedens-in-der-ukraine-deutsch.pdf

Schnellenbach, Jan (2022): Unübersichtlich, widersprüchlich, wenig zielgerichtet: Entlastungspakete ohne Gesamtkonzept, ifo Schnelldienst 11/2022

Schuhler, Conrad (1968): Zur Politischen Ökonomie der Armen Welt, München

Schuhler, Conrad (2020): Wie weit noch bis zum Krieg? Die USA, China, die EU und der Weltfrieden, Köln

Schuhler, Conrad (2021): Das Neue Amerika des Joseph R. Biden, Köln

Simon, Gerhard (2007): Ukrainisch-Russisch: Sprachen, Sprachgebrauch, Sprachkonflikte in der Ukraine, laender-analysen.de/ukraine-analysen/19/ukrainisch-russisch-sprachen-sprachgebrauch-sprachenkonflikte-in-der-ukraine/

SIPRI Yearbook 2022, Summary in Englisch, PDF, www.sipri.org/sites/default/files/2022-06/yb22_summary_en_v3.pdf

Stalin, Josef W. (1952): Über die revolutionäre Bewegung im Osten. In: Werke, Bd. VII. Berlin/DDR

Steinhaus, Kurt (1967): Zur Theorie des internationalen Klassenkampfes, Frankfurt a.M.

stern.de, 25.10.2022: Ukraine wünscht sich von Deutschland monatliche Hilfe von 500 Millionen Dollar, www.stern.de/news/ukraine-wuenscht-sich-von-deutschland-monatliche-hilfe-von-500-millionen-dollar-32846432.html

Streeck, Wolfgang (2022): Es kommt näher, Makroskop, 2.11.2022, www.makroskop.de/38-2022/es-kommt-näher

sueddeutsche.de, 17.10.2022: Das Wichtigste zur NATO-Atomübung, www.sueddeutsche.de/politik/nato-manoever-atomwaffen-steadfast-noon-1.5676185

Süddeutsche Zeitung, 28.11.2022: Interview mit Hubertus Heil

Süddeutsche Zeitung, 29.11.2022: Ronen Steinke, Armes Deutschland

t-online, 29.11.2023: Alles nur Prahlerei?, www.t-online.de/finanzen/unternehmen-verbraucher/id_100088894/der-gas-deal-mit-katar-was-bedeutet-das-abkommen-fuer-deutschland-fragen-und-antworten.html, aktualisiert am 30.11.2023

LITERATUR UND QUELLEN

tagesschau.de, 24.6.2022: »Korruption auf fast jeder Ebene«, www.tagesschau.de/ausland/ukraine-korruption-101.html

tagesspiegel.de, 22.9.2022: »Dies ist kein Bluff«: Putins Rede zur Teilmobilmachung im Wortlaut, www.tagesspiegel.de/politik/dies-ist-kein-bluff-putins-rede-zur-teilmobilmachung-im-wortlaut-8667736.html

Talmon, Stefan (2022): Kriegspartei oder nicht Kriegspartei? Das ist nicht die Frage, verfassungsblog.de/kriegspartei-oder-nicht-kriegspartei-das-ist-nicht-die-frage, 4.5.2022

Telepolis, 19.10.2022: Thomas Pany, EU-Ausbildung ukrainischer Soldaten: Eine neue Stufe der Unterstützung.

Tooze, Adam (2022): Die wirtschaftliche Verflechtung Deutschlands mit China, makroskop.eu/39-2022/die-wirtschaftliche-verflechtung-deutschlands-mit-china, 11.11.2022

Transparency International (2022): Corruption Perceptions Index 2021, www.transparency.org/en/cpi/2021

unsere zeit, 25.11.2022: Lucas Zeise, Ein politisches Rätsel

Weißes Haus (2022), National Security Strategy, Oktober 2022, PDF, www.whitehouse.gov/wp-content/uploads/2022/10/Biden-Harris-Administrations-National-Security-Strategy-10.2022.pdf

welt.de, 18.2.2022: Archivfund bestätigt Sicht der Russen bei Nato-Osterweiterung, www.welt.de/politik/ausland/article236986765/Nato-Osterweiterung-Archivfund-bestaetigt-Sicht-der-Russen.html

Wimmer, Willy (2022): Klingbeil (SPD): »Militärische Gewalt als ein legitimes Mittel der Politik sehen«, Nachdenkseiten, 23.6.2022, www.nachdenkseiten.de/?p=85088

zeit.de, 7.12.2022: »Hatten Sie gedacht, ich komme mit Pferdeschwanz?«, Interview mit Angela Merkel, www.zeit.de/2022/51/angela-merkel-russland-fluechtlingskrise-bundeskanzler

Zinke, Guido (2020): Lohnentwicklung in Deutschland und Europa, Bundeszentrale für politische Bildung, www.bpb.de/themen/arbeit/arbeitsmarktpolitik/322503/lohnentwicklung-in-deutschland-und-europa/

VERLAGSANZEIGE

Conrad Schuhler

Wie weit noch bis zum Krieg?

Die USA, China, die EU und der Weltfrieden

Paperback
143 Seiten, € 12,90
ISBN 978-3-89438-727-3

Chinas Spurt an die Spitze der Weltwirtschaft hat wissenschaftliche und publizistische Meinungsmacher im Westen irritiert. Der Autor untersucht ihre Argumente gegen Chinas ökonomisches und gesellschaftliches Wachstum und erläutert das chinesische Konzept vom guten Leben als Dreh- und Angelpunkt der Wirtschaftspolitik. Vorgestellt wird die »Neue Seidenstraße« als ›Globalisierung auf Chinesisch‹. Ausführlich erörtert wird die Gefahr eines »Dritten Weltkriegs« als Neuauflage der »Falle des Thukydides«, wonach ein Herausforderer den alten Hegemon der Weltordnung nur durch einen Krieg ablösen könne. China weist diese Zumutung von sich. Die Hauptgefahr sieht Schuhler darin, dass die USA ihre globalen Führungsansprüche auf die Dauer nicht mehr mit »zivilen« Mitteln durchsetzen und somit in Versuchung geraten können, ihre weit überlegenen militärischen Mittel einzusetzen. Eine Chance auf Zukunft gibt es für ihn, wenn die Bewegungen für soziale Gerechtigkeit, Frieden und Umwelt das globale Kapital mit seinen rücksichtslosen Verwertungsinteressen als gemeinsamen Gegner erkennen und bekämpfen.

PapyRossa Verlag | www.papyrossa.de

VERLAGSANZEIGE

Conrad Schuhler

Das neue Amerika des Joseph R. Biden

Paperback
163 Seiten, € 13,90
ISBN 978-3-89438-762-4

Joe Biden verfolgt die Linie America First genauso wie sein Vorgänger, nur mit anderen Methoden. »Für immer« sollen die USA die führende Kraft in der Welt sein, ist das erklärte Ziel. Der wachsenden Spaltung im Land will er mit »nationaler Versöhnung« und »Respekt« vor den benachteiligten Minderheiten begegnen. Die sind längst zur Mehrheit geworden und Bidens Konzept, durch »mehr Sozialstaat« die Spaltung in immer weniger Gewinner der Globalisierung und eine wachsende Schar von Verlierern erträglicher zu machen, wird scheitern. So lautet die Prognose von Conrad Schuhler. Ebenso wird die Ausrufung eines neuen Kalten Kriegs zwischen den »Demokratien« und den »Autokratien«, wie Außenminister Blinken die neue Systemrivalität nennt, den weiteren Aufstieg Chinas nicht verhindern können.

Eine zerrissene Gesellschaft im Innern, der Verlust der Nummer Eins auf dem globalen Feld – wie kann Washington daran gehindert werden, seine verbleibende Machtressource, das Militär, einzusetzen und ein Inferno auszulösen?

PapyRossa Verlag | www.papyrossa.de

VERLAGSANZEIGE

**Frank Deppe /
Georg Fülberth /
André Leisewitz (Hg.)**

**Fortschritt
in neuen Farben?**

Umbrüche, Machtverschiebungen und ungelöste
Krisen der Gegenwart

Paperback
259 Seiten, € 16,90
ISBN 978-3-89438-787-7

In Deutschland versucht eine Ampelkoalition eine sozialökologische Erneuerung sowie den Ausbau der digitalen Infrastruktur unter der Kontrolle eines marktradikalen Finanzministers. Grenzen der kapitalistischen Globalisierung zeichnen sich nicht erst seit der Corona-Pandemie ab. Die Hegemonie der USA wird durch die Volksrepublik China herausgefordert. Die Ungleichheit zwischen Arm und Reich ist fast so groß wie 1913. Wettrüsten und Konflikte zwischen den Großmächten, verschärft noch durch den Angriff Russlands auf die Ukraine, erinnern an die Situation vor dem Ersten Weltkrieg. Was sind die Ursachen dieser Entwicklungen? Wohin soll das alles führen? Darauf versuchen die in diesem Buch versammelten Aufsätze eine Antwort zu geben.

Herausgegeben von Frank Deppe, Georg Fülberth und André Leisewitz.
Mit weiteren Beiträgen von: Matin Baraki, Matthias Martin Becker, Dieter Boris, Kai Eicker-Wolf, Jutta von Freyberg, Jörg Goldberg, Jörg Kronauer, Thomas Kuczynski, Gert Meyer, Gisela Notz, Werner Ruf, Werner Rügemer, Ulrich Schneider, Conrad Schuhler, Gerd Wiegel, Winfried Wolf und Lucas Zeise.